Effektiv kommunizieren

STEVE SHIPSIDE

Effektiv kommunizieren

Wie Sie sich verständlicher mitteilen und besser zuhören

Übersetzt von
Nikolas Bertheau

GABAL

A Dorling Kindersley Book
www.dk.com

Bibliografische Information der Deutschen Nationalbibliothek
Die Deutsche Nationalbibliothek verzeichnet diese Publikation in der Deutschen Nationalbibliografie; detaillierte bibliografische Informationen sind im Internet über http://dnb.d-nb.de abrufbar.

Titel der englischen Originalausgabe:
Effective Communications. Get your message across and learn how to listen

ISBN 978-3-89749-930-0

Lektorat: Anke Schild, Hamburg
Satz: Das Herstellungsbüro, Hamburg, www.buch-herstellungsbuero.de
Umschlaggestaltung: Martin Zech, www.martinzech.de

www.gabal-verlag.de

Inhalt

1 Zuhören

14 Wer zuhört, dem wird zugehört
16 Aktiv zuhören
18 Gesprächsnotizen
20 Unvoreingenommen zuhören
22 Richtig fragen
26 Zusammenfassen und nachhaken

2 Sprechen

32 Körpersprache
36 Wie Sie sich gut ausdrücken
40 Verhandeln
44 Überzeugend wirken
46 Erfolgreich argumentieren
48 Argumentationsketten

3 Vor Gruppen sprechen

54 Vorstellungsgespräche
58 Teammitglieder motivieren

60 Coachen und beraten

62 Besprechungen

68 Präsentationen

74 Öffentliche Auftritte

4 Technik und Medien

80 Telefon

82 Anrufbeantworter

84 Der klassische Brief

86 Berichte und Angebote

88 E-Mails

90 Video- und Audiokonferenzen

92 Presse

94 Fernseh- und Radiointerviews

5 Konflikte meistern

100 Die Herausforderung annehmen

102 Gestörte Kommunikation

104 Konflikte lösen

106 Hiobsbotschaften

108 Spannungen

110 Teamkonflikte

114 Public Relations

118 Register

120 Bildnachweis

Einführung

Kommunikation ist das Herz und die Seele jeder Art von Team- und Menschenführung. Ohne Kommunikationsgeschick können Sie weder Ihre Gedanken wirkungsvoll zu Gehör bringen noch andere überzeugen oder erfolgreich verhandeln. Beherrschen Sie aber die Kommunikationskunst, so werden Sie sehr viel erfolgreicher verhandeln, verkaufen, vermitteln, informieren und motivieren.

Es mangelt nicht an Gelegenheiten, das eigene Kommunikationsgeschick zu entwickeln und auszubauen, und die Bandbreite der Medien, die sich als Kommunikationsinstrumente anbieten, wächst mit jedem Tag. Der sinnvollste Einstieg in den Lernprozess setzt beim besseren Zuhören an – wenn Sie nicht wissen, warum nur der aufmerksame Zuhörer andere überzeugen kann, ist dieses Büchlein genau die richtige Lektüre für Sie. Gute Kommunikation ist keine Einbahnstraße: Das Wort selbst leitet sich aus der Idee der »Gemeinsamkeit« ab. Was die wahren Kommunikationskünstler auszeichnet, ist ihre Fähigkeit, die Botschaften des Gegenübers zu verstehen und sie so in die eigene Argumentation einzubauen, dass sie die eigene Bot-

Effektives Kommunizieren bildet den Schlüssel für beruflichen und privaten Erfolg.

schaft verstärken. Sie brauchen kein großer Rhetoriker zu sein, um erfolgreich zu kommunizieren. Schon bevor Sie den Mund aufmachen oder einen Stift in die Hand nehmen, beginnt der Kommunikationsprozess, und so sollten Sie die Signale, die Sie aussenden, stets mit der beabsichtigten Botschaft abgleichen. Ausgehend von den elementaren Fähigkeiten des Zuhörens und Sprechens, behandelt dieses Büchlein sämtliche Möglichkeiten, wie Sie im Alltag Botschaften aussenden: von der Verhandlungsführung bis zur E-Mail. Es zeigt, wie Sie Ihre Argumente mit den unterschiedlichsten Medien vermitteln können – ob mit der Stimme, auf dem Papier, im Video oder über die Körpersprache. Nachdem Sie es gelesen und die Tipps, Techniken und Taktiken verinnerlicht haben, werden Sie sehr viel besser verstehen, was andere Ihnen zu sagen versuchen, und es wird Ihnen viel leichter fallen, andere zu überzeugen, Vereinbarungen zu erzielen und Ziele zu verwirklichen. Management ist nichts anderes als erfolgreiche Kommunikation.

Bestandsaufnahme

Mit diesem Selbsttest können Sie herausfinden, inwieweit Sie sich Ihrer kommunikativen Stärken und Schwächen bewusst sind. Beantworten Sie die Fragen so ehrlich wie möglich – einmal vor und einmal nach der Lektüre des Büchleins. So wissen Sie von vornherein, worauf Sie besonders achten müssen, und erkennen beim zweiten Durchlauf, was Sie alles hinzugelernt haben.

Vorher Nachher

1 Wie verhalten Sie sich, wenn jemand Ihnen etwas erzählt?

A Ich höre mit voller Konzentration zu und sage nichts.
B Ich höre zu und wiederhole das Gehörte mit eigenen Worten.
C Ich denke an die Arbeit, die ich noch erledigen muss.

2 Welche Art von Fragen stellen Sie?

A Ich stelle keine Fragen – mein Job ist es, zu tun, was man mir aufträgt.
B Ich stelle offene Fragen, um detaillierte Antworten zu erhalten.
C Ich komme zum Punkt, frage hartnäckig nach und erfahre so, was ich wissen will.

3 Wo im Büro stellen Sie für gewöhnlich anderen Ihre Fragen?

A Ich passe die Leute auf den Fluren ab.
B In der Regel während der Besprechungen.
C In der vertraulichen Atmosphäre meines Büros.

4 Worauf basiert Ihre Beziehung zu Ihren Kollegen?

A Wir begegnen uns höflich und mit Respekt.
B Auf einem komplexen Themen- und Interessengeflecht.
C Auf einer klar definierten Positions- und Aufgabenhierarchie.

Vorher Nachher

5 **Wie reagieren Sie, wenn die Kommunikation am Arbeitsplatz von Vorurteilen, Gerüchten oder Hintergedanken gestört wird?**

A Ich vermeide das Thema – das macht das Leben einfacher.
B Ich ziehe die Möglichkeit in Betracht, dass hinter den Andeutungen ein wahrer Kern steckt.
C Ich rate den Betroffenen, sich nicht verunsichern zu lassen und sich stattdessen auf ihre Arbeit zu konzentrieren.

6 **Verhandeln heißt:**

A Kompromisse schließen und auf andere zugehen.
B Gemeinsamkeiten als Diskussionsbasis herausarbeiten.
C Die Schlacht gewinnen und recht bekommen.

7 **Wie fühlt es sich für Sie an, Nein sagen zu müssen?**

A Es gibt kaum etwas, was mir schwerer fällt.
B Meist muss ich mir einen kleinen Ruck geben.
C Ich habe damit keine Schwierigkeiten. Nein heißt nein.

8 **Wer oder was hat den größten Einfluss auf Ihre Sprache am Arbeitsplatz?**

A Vorgesetzte und offizielle Unternehmensverlautbarungen.
B Meine unmittelbaren Kollegen und meine privaten Freunde.
C Es gibt nichts, was meine Sprache nennenswert beeinflusst.

9 **Der Sinn von Besprechungen ist es:**

A Den Anschein zu verbreiten, dass jeder mit irgendetwas beschäftigt ist.
B Vorgehensweisen und Marschrichtungen zu beschließen.
C Die Mitarbeiter über aktuelle Entwicklungen zu informieren.

10 **Sie müssen eine Präsentation halten. Welche Hilfsmittel werden Sie vermutlich benötigen?**

A Eine große Kiste Dias und einen Diaprojektor.
B Ich richte mich nach dem, was am Veranstaltungsort verfügbar ist.
C Nichts weiter. Meine PowerPoint-Präsentation steht bereits.

Vorher Nachher

11 **Wie reagieren Sie auf Publikumsfragen während Ihrer Präsentation?**

A Ich fürchte sie – das könnte ja peinlich werden.
B Ich bin darauf vorbereitet und weiß mir zu helfen.
C Sie sind mir willkommen, ich gebe mein Wissen gern weiter.

12 **Wie bereiten Sie sich auf ein Telefonat vor?**

A Ich atme tief durch, bevor ich zum Hörer greife.
B Ich notiere mir die Punkte, die ich abarbeiten möchte.
C Ich greife zum Hörer und wähle die Nummer.

13 **Was halten Sie von E-Mails?**

A Viel einfacher als ein Telefonat.
B Ich weiß nicht, wie ich ohne auskommen sollte.
C Die reinste Zeitverschwendung – eine wahre Pest.

14 **Wie reagieren Sie auf den Wunsch, der Presse etwas über Ihr Teamprojekt mitzuteilen?**

A Ich tue alles lieber, als mit der Presse zu reden.
B Gern, aber zuvor muss ich dem Journalisten einige Fragen stellen.
C Herzlich gern – Publicity kann niemals schaden.

15 **Wie gehen Sie vor, wenn Sie jemandem kündigen müssen?**

A Ich überlasse das der Personalabteilung.
B Ich spreche mit dem Betreffenden persönlich, aber zusammen mit der Personalabteilung.
C Ich tue es selbst, um es hinter mich zu bringen.

Gesamt

	A	B	C
Vorher			
Nachher			

Auswertung

Überwiegend A-Antworten

Sie sind mehr Zuhörer als Erzähler, und möglicherweise mangelt es Ihnen etwas an Selbstvertrauen, wenn es darum geht, sich selbst zu präsentieren. Kommunikation ist für Sie weniger ein willkommenes Erfolgswerkzeug als vielmehr eine notwendige Begleiterscheinung Ihrer Arbeit. Das mag mit Ihrer Position in der Hierarchie oder auch mit einer persönlichen Schüchternheit zusammenhängen. Vielleicht trauen Sie sich einfach zu wenig zu – beispielsweise gute Ideen zu haben, die der Erwähnung wert sind.

Überwiegend B-Antworten

Sie wissen, dass Kommunikation auf allen beruflichen Ebenen eine Rolle spielt, und Sie versuchen, Ihre Botschaften so klar und effektiv wie möglich zu formulieren. Für eine wirklich erfolgreiche Kommunikation reicht es jedoch nicht, die einschlägigen Techniken zu kennen. Wenn Sie keine C-Antworten angekreuzt haben, könnte das darauf hindeuten, dass Sie zwar über hervorragende Vermittlerqualitäten verfügen, jedoch Schwierigkeiten haben, Ihre eigenen Anliegen zu vertreten. Das könnte an Ihrer Rolle liegen oder aber an Ihrem Selbstverständnis, wonach Sie Ideen zwar gut vermitteln, aber nicht unbedingt selbst entwickeln können.

Überwiegend C-Antworten

Sie verfügen über ein gesundes Selbstvertrauen und haben keine Schwierigkeiten, Ihre eigenen Ideen zu präsentieren. Zur echten Kommunikation gehört jedoch der Dialog. Ihre Erfolge bei der Darstellung eigener Ideen machen Sie möglicherweise unempfänglich für die Gedanken und Einstellungen anderer Menschen. Studieren Sie mit besonderer Aufmerksamkeit die Techniken, mit denen Sie andere ermuntern können, Ihnen Feedback zu geben und eigene Ideen und Gefühle zu formulieren, die Sie wiederum in Ihre Botschaften einfließen lassen können.

Noch ein Wort zu Ihrem Ergebnis ...

Achten Sie besonders auf die Bereiche, in denen Sie vermutlich Schwächen haben, sowie auf die Tipps und Techniken, die Ihnen helfen, die Zahl der A-Antworten zu verringern und eine ausgewogenere Mischung aus B- und C-Antworten zu erreichen. Wenn Sie das Buch gelesen haben, sollten Sie die Fragen noch einmal beantworten, um zu sehen, welche Fortschritte Sie gemacht haben.

1 Zuhören

Kommunikation ist Management. Ob Sie andere überzeugen, sich Gehör verschaffen, andere instruieren, motivieren oder inspirieren wollen: Kommunikation ist der entscheidende Baustein, auf den es ankommt. So gut wie alle beruflichen Probleme haben ihre Ursache in einer missglückten Kommunikation; die Folge sind Missverständnisse und gestörte Vertrauensverhältnisse. Meist wird dabei dem wichtigsten Element der Kommunikation – dem Zuhören – zu wenig Beachtung geschenkt. Wer andere beeinflussen will, muss wissen, was in ihnen vorgeht. Die Fähigkeit des Zuhörens ist im Geschäftsleben einfach unabdingbar. In diesem Kapitel erfahren Sie, wie Sie:

- anderen aktiv zuhören,
- Ihre Fragen auf den Punkt bringen,
- Vorurteile, unterschwellige Konflikte und Hintergedanken erkennen,
- Kommunikationslücken schließen,
- schwammige Aussagen vermeiden.

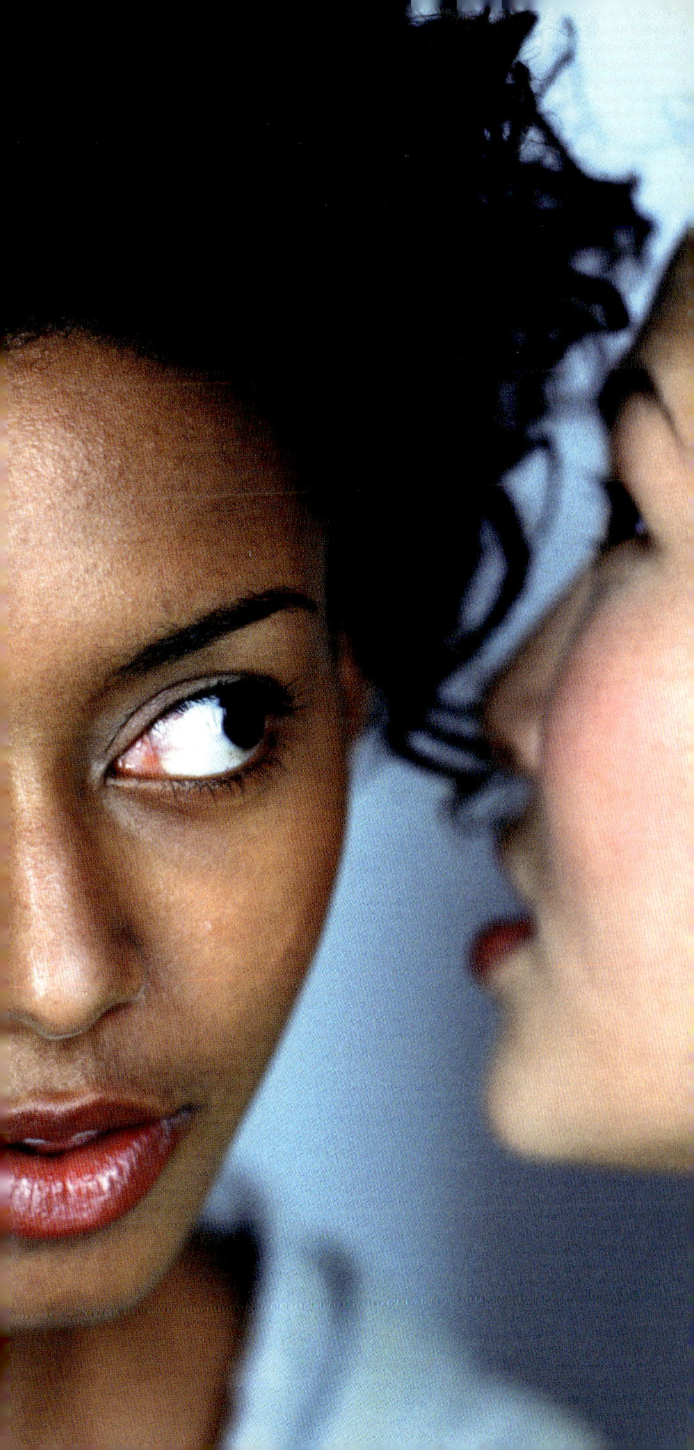

Wer zuhört, dem wird zugehört

Das Wort »Kommunikation« leitet sich vom lateinischen »communio« her, was »Gemeinschaft« bedeutet. Für denjenigen, der effektiv kommunizieren will, stellt die Fähigkeit des Zuhörens eines der wichtigsten Werkzeuge dar.

Raum für Verbesserungen

Richtiges Zuhören ermöglicht es Ihnen, Ihr Gegenüber in seiner eigenen Sprache anzusprechen, Brücken zu bauen und ihm zu zeigen, dass Sie ihn verstehen und dass das, was Sie vorschlagen, auch in seinem Interesse ist. Dennoch gibt es so gut wie niemanden, der sich die Mühe macht, uns das Zuhören beizubringen, ebenso wenig, wie wir Unterricht im Atmen oder Laufen erhalten. Zuhören ist etwas, was wir anscheinend von Natur aus beherrschen. Aber auch angeborene Fähigkeiten können mehr oder weniger ausgeprägt sein und so gibt es stets Raum für Verbesserungen.

Um etwas zu verstehen, muss man zunächst gut zuhören.

Zuhören lernen

Wir sprechen mit einer Geschwindigkeit von annähernd 100 Wörtern in der Minute, können aber als Zuhörer mehr als doppelt so viel aufnehmen. Die Versuchung ist folglich groß, während des Zuhörens noch an andere Dinge zu denken. So sehr wir uns auch den Anschein geben, als hörten wir zu, beschäftigen wir uns doch häufig mit unseren eigenen Gedanken; wir schweifen innerlich ab oder ergehen uns in Tagträumen. Oder, schlimmer noch, wir fallen dem Sprecher ins Wort und führen seine Sätze zu Ende. Damit bringen wir lediglich unsere Ungeduld zum Ausdruck. Wir sind nicht wirklich daran interessiert, was unser Gegenüber zu sagen hat; unsere Zeit ist uns zu schade, um zu warten, bis er seine Worte selbst wählt. Von Höflichkeit keine Spur.

Der Mensch hat zwei Ohren, aber nur einen Mund, weil Zuhören doppelt so anstrengend ist wie Sprechen.

Traditionelles Sprichwort

Techniken des guten Zuhörens

Es gibt Techniken, mit deren Hilfe Sie Ihre Fähigkeit zuzuhören augenblicklich verbessern können. Einige erfordern den Einsatz des gesamten Körpers anstatt lediglich der Ohren und des Kopfes.

- Konzentrieren Sie sich ganz auf die Person, die Ihnen etwas erzählt. Beenden Sie sämtliche anderen Tätigkeiten.
- Wenn Sie mehreren Menschen zuhören, sollten Sie während dieser Zeit Ihr Mobiltelefon ausschalten.
- Wenden Sie sich dem Sprecher zu; verändern Sie gegebenenfalls Ihre Körperhaltung.
- Lauschen Sie den Worten möglichst genau, aber achten Sie zugleich auf die Gefühle, die sich dahinter verbergen. Starke Worte können dazu dienen, den Mangel an innerer Beteiligung zu verdecken, und umgekehrt.
- Achten Sie auf Vorurteile und vorgefasste Meinungen, die Sie beim Zuhören beeinflussen könnten.
- Würdigen und festigen Sie die Aussage, indem Sie sie mit eigenen Worten wiederholen und die wesentlichen Punkte herausstellen (Sie hören automatisch besser zu, wenn Sie von vornherein die Absicht haben, das Gehörte noch einmal zusammenzufassen).
- Wenn Sie vorhaben, Ihre eigene Ansicht zum Besten zu geben (was nicht in jedem Fall empfehlenswert ist), sollten Sie warten, bis Ihr Gesprächspartner zu Ende geredet hat.

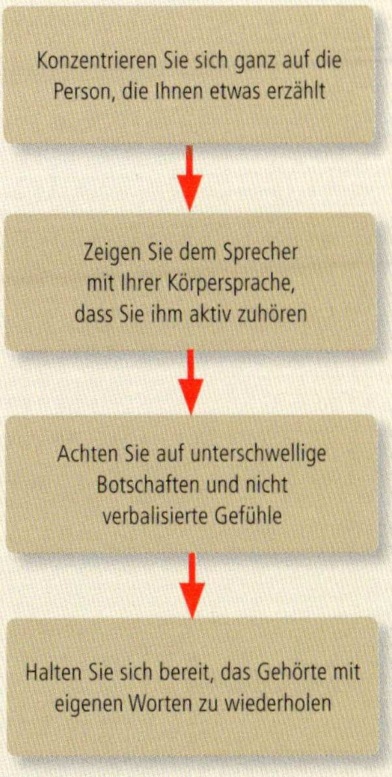

Halten Sie die gesamte Zeit Blickkontakt – auch während Ihrer eigenen Erwiderung. Vermitteln Sie Ihrem Gegenüber das Gefühl, dass Sie ausreichend Zeit für das Gespräch reserviert haben. Wenn die Gefahr besteht, dass Sie das Gespräch mittendrin abbrechen müssen, sollten Sie Ihrem Gesprächspartner rechtzeitig einen Hinweis darauf geben.

Aktiv zuhören

Aktives Zuhören (manchmal auch als emphatisches Zuhören bezeichnet) ist eine häufig von Lehrern und Beratern verwendete strukturierte Technik, bei der wir uns ganz auf die sprechende Person konzentrieren.

Mit ganzer Aufmerksamkeit

Aktives Zuhören ist mehr als passives Zuhören, bei dem wir lediglich »Ohr« sind, ohne selbst etwas zu sagen. Indem Sie aktiv zuhören, ermuntern Sie Ihren Gesprächspartner, seine Ansichten und Ideen so vorzubringen, dass Sie das Gemeinte wirklich verstehen. Ein Schlüsselelement liegt darin, dass Sie das Gehörte, ob Sie damit einverstanden sind oder nicht, noch einmal mit eigenen Worten zusammenfassen. Das hat mehrere Vorteile:

- Sie selbst hören genauer hin. Ihr Gegenüber spürt, dass Sie ihm Ihre volle Aufmerksamkeit schenken.
- Es kommt seltener zu Missverständnissen.
- Sie demonstrieren die Bereitschaft, sich in die Lage des Sprechers zu versetzen.
- Der Sprecher wird ermuntert, seine Gedanken laut zu entwickeln und auch seine Gefühle nicht zurückzuhalten.

Nützliche TECHNIKEN

Das Gehörte mit eigenen Worten wiederzugeben ist, anders als Sie möglicherweise vermuten, keine leichte Übung. Machen Sie sich mit der Technik vertraut, bevor Sie versuchen, echte Probleme damit zu lösen. Versuchen Sie probeweise, eine schwierige Rede wie beispielsweise die eines Politikers zusammenzufassen – politische Aussagen sind selten klar und präzise.

- Lesen Sie einen kurzen Textabschnitt aus der Rede eines Politikers.
- Versuchen Sie, ihn mit klaren Worten zu paraphrasieren. Vergleichen Sie beide Versionen.
- Verfeinern Sie Ihre Formulierungen, bis die Aussage klar und präzise ist.
- Überlegen Sie, was Ihre Version über den Gehalt der ursprünglichen Aussage verrät.

Think SMART

Trainieren Sie Ihr Geschick im aktiven Zuhören und im Paraphrasieren des Gehörten, bevor jener Ernstfall eintritt, in dem Sie diese Fähigkeit dringend benötigen. Sie können die Technik auch stumm trainieren.

Üben Sie sich im aktiven Zuhören, während Sie einem Nachrichtensprecher im Fernsehen oder im Radio lauschen. Hören Sie sich die Nachricht an und wiederholen Sie den wesentlichen Inhalt mit eigenen Worten. Trainieren Sie die Technik mit Freunden – versuchen Sie, Ihre Antworten so zu formulieren, dass sie nicht künstlich klingen.

Paraphrasieren

Ein zentraler Aspekt des aktiven Zuhörens besteht darin, dass Sie das Gehörte mit Ihren eigenen Worten wiedergeben und nicht nach Papageienart Wort für Wort wiederholen. So geben Sie Ihrem Gesprächspartner zu verstehen, dass Sie sich über das Gehörte Gedanken machen. Indem Sie paraphrasieren,

- bringen Sie zusätzliche Begriffe ins Spiel, um ein Problem zu beschreiben oder eine Situation zu klären,
- ermuntern Sie Ihren Gesprächspartner, klar zu definieren, was er Ihnen sagen will,
- bereichern Sie die Aussage eventuell um weitere Interpretationsebenen,
- vermeiden Sie potenzielle inhaltliche Missverständnisse.

Aktiv zuhören

Hören Sie aufmerksam zu und halten Sie Blickkontakt

↓

Würdigen Sie das Gehörte und wiederholen Sie die wesentlichen Punkte

↓

Zeigen Sie, dass Sie auch die emotionalen Aspekte erfasst haben

↓

Ermöglichen Sie es dem Sprecher, Ihrer Zusammenfassung zuzustimmen oder zu widersprechen

Gesprächsnotizen

Eine wichtige Ergänzung zum aktiven Zuhören bildet die Fähigkeit, das Gehörte schriftlich festzuhalten. Ein paar Stichworte zu einem Gespräch oder einer Besprechung ermöglichen es Ihnen, den Inhalt zu rekapitulieren und anschließend in einem Protokoll zusammenfassen.

Führen Sie sorgfältig Protokoll

Gibt es keinen offiziellen Protokollführer, bestimmen Sie selbst, welche Punkte so wesentlich sind, dass Sie sie schriftlich festhalten. Wenn zu einem späteren Zeitpunkt die Frage auftaucht, wie es zu bestimmten Ideen kam, sind Sie in einer starken Position. Indem Sie sich Notizen machen, zeigen Sie nicht nur, dass Sie zuhören, sondern können auch noch lange nach dem Gespräch auf die Inhalte zurückgreifen. Möglicherweise haben Sie Schwierigkeiten, beim Schreiben zugleich dem weiteren Gesprächsverlauf zu folgen – versuchen Sie gegebenenfalls zu stenografieren oder sich mit knappen Stichpunkten oder Ähnlichem zu behelfen.

Symbole

Auch wenn Sie keine Übung im Stenografieren haben, können Sie die Protokollierung mit bestimmten Symbolen und Abkürzungen beschleunigen. Manche der folgenden Abkürzungen sind klassisch, andere sind uns aus SMS-Texten vertraut.

Nr.	Nummer	**Lfg.**	Lieferung	**Koll.**	Kollege
>	mehr als	**Ldpr.**	Ladenpreis	**ack**	zustimmen, bestätigen
<	weniger als	**Abtlg.**	Abteilung	**Fack**	volle Zustimmung
WV	Wiedervorlage	**KAM**	Key Account Manager		
wg.	wegen				

Quadrate, Dreiecke, Kreise, Sterne und andere Symbole können dazu dienen, konkrete Maßnahmen zu bezeichnen.

Nützliche TECHNIKEN

Ein von Studenten der Cornell University in den Vereinigten Staaten entwickeltes Protokollierungssystem hat sich für viele Menschen als sehr nützlich erwiesen, um sich bei Besprechungen und Briefings Notizen zu machen.

Es handelt sich um ein duales System, das sowohl den Sitzungsverlauf als auch die wichtigsten Punkte festhält.

- Unterteilen Sie die Seiten eines großen Notizblocks in eine schmalere linke und eine breitere rechts Spalte.
- Machen Sie sich während der Besprechung in der rechten Spalte Notizen.
- Fassen Sie im Anschluss an die Besprechung in der linken Spalte neben Ihrer Mitschrift die wesentlichen Punkte und Ergebnisse der Diskussion noch einmal zusammen.

Reinschrift

Neben diversen technischen Geräten – wie beispielsweise Diktiergerät, PDA, Laptop und automatischem Aufzeichnungsgerät – greifen die meisten Menschen noch immer zu Stift und Papier, um sich während einer Besprechung oder einer Konferenz Notizen zu machen. Wie gut Sie zuhören können, zeigt sich darin, wie effizient Sie die wesentlichen Inhalte auf Papier festhalten und anschließend weiterverwenden können. Wenn Ihre Handschrift nicht besonders leserlich ist, sollten Sie Ihre Mitschrift möglichst bald nach dem Ereignis noch einmal in Reinschrift übertragen oder in Ihren Computer eingeben; je länger Sie warten, desto mehr Details werden Ihnen entfallen und desto schwerer können Sie Ihre Hieroglyphen entziffern.

TIPP **Wenn Sie eigene Symbole oder Abkürzungen verwenden, sollten Sie auch die Zeichenerklärung schriftlich festhalten.**

Unvoreingenommen zuhören

Ob Sie sich dessen bewusst sind oder nicht – Sie sehen die Menschen um Sie herum stets durch einen Filter aus vorgefassten Ideen. Wie Sie auf das, was jemand sagt, reagieren, hängt stark von Ihrer Meinung über den Betreffenden ab.

Gute Beziehungen

Unter den Begriff »Beziehungen« fassen wir in der Regel Menschen, die wir kennen und mit denen wir in Kontakt stehen. Im außerberuflichen Leben umgeben wir uns überwiegend mit Leuten, die einen ähnlichen Hintergrund und ähnliche Interessen wie wir selbst haben. Unsere Arbeitskollegen können wir uns hingegen nicht aussuchen; wir müssen irgendwie mit ihnen auskommen und mit ihnen kommunizieren.

Tapetenwechsel

Indem Sie Ihr Team von Zeit zu Zeit an einem weniger formellen Ort zusammenbringen, fördern Sie das Arbeitsklima.

Faktoren, die die Beziehungen beeinflussen

Es gibt eine Reihe von Faktoren, die bestimmen, wie Sie andere wahrnehmen und von diesen wahrgenommen werden. Überlegen Sie, welche der folgenden Punkte Einfluss darauf haben, wie Sie Ihren Kollegen zuhören und wie diese Ihnen zuhören.

Wenn Sie in einem dieser Faktoren ein Kommunikationshindernis sehen, sollten Sie informell ergründen, wie andere in diesem Punkt über Sie denken.

➡ **Status:** Auch wenn Sie offiziell vielleicht den höheren Rang haben, versteht sich Ihr Gesprächspartner möglicherweise als der Experte für das betreffende Gebiet.

➡ **Schicht:** Wer als Mitglied einer anderen Schicht identifiziert wird, kann durchaus im Nachteil sein.

➡ **Ethnizität:** Die Reaktionen der Menschen werden davon beeinflusst.

➡ **Alter:** In bestimmten Branchen wie beispielsweise den Medien gilt Alter als Indiz dafür, dass Sie nicht mehr auf der Höhe der Zeit sind.

➡ **Geschlecht:** Männer gelten als selbstbewusster und zielorientierter, während Frauen besondere Fähigkeiten im Multitasking zugeschrieben werden.

➡ **Fähigkeiten/Fachgebiete:** Wer in mehreren Fachgebieten qualifiziert ist, betrachtet sich möglicherweise als höher gestellt, als die Positionsbezeichnung erkennen lässt.

➡ **Reputation:** Ihr Ruf eilt Ihnen stets voraus. Finden Sie heraus, was Ihr Ruf ist – vielleicht werden Sie erstaunt sein.

➡ **Ausbildung:** Ein akademischer Background könnte andere zu der Annahme verleiten, dass es Ihnen an Bodenhaftung fehlt.

➡ **Wohlstand:** Vielleicht sind Sie in den Augen anderer wohlhabender als in den eigenen Augen.

Beispiele für konkrete Aussagen

POSITIVE WIRKUNG

- Er bereichert das Team mit seinem Wissen und seiner Erfahrung
- Sie verfügt über sehr gute Kommunikationsfähigkeiten, die dem Team zugute kommen werden
- Seine technischen Fähigkeiten sind überragend – dafür wird er bezahlt
- Das Konzept der ethnischen Diversifikation zieht die besten Mitarbeiter an

NEGATIVE WIRKUNG

- Er ist zu alt, um noch etwas Nützliches beitragen zu können
- Sie lenkt die männlichen Teammitglieder allzu sehr von der Arbeit ab
- Seine Ungepflegtheit wirft ein schlechtes Licht auf das Unternehmen
- Ausländer können unsere Werte nicht verstehen

Richtig fragen

Wenn Sie etwas wissen wollen, müssen Sie fragen, aber die Art, wie Sie fragen, wirkt sich auf die Antwort aus, die Sie erhalten. Fragen zu stellen ist eine Fähigkeit, die nur wenige Menschen ausreichend beherrschen; dabei ist sie unverzichtbarer Bestandteil des aufmerksamen Zuhörens.

Lernen Sie, Fragen zu stellen

Bessere Fragen führen zu besseren Antworten. Formulieren Sie Ihre Fragen sorgfältig und sorgen Sie für eine ungezwungene Atmosphäre. Wer entspannt ist, ist eher bereit, Informationen preiszugeben. Treten Sie jedoch wie ein Inquisitor auf, machen Sie Ihr Gegenüber nervös und unwillig. Stellen Sie immer nur eine Frage und warten Sie die Antwort ab, bevor Sie die nächste Frage formulieren. Wenn Sie zu viele Fragen gleichzeitig stellen, erhalten Sie nur Teilantworten, während wichtige Fakten unter den Tisch fallen. Nutzen Sie die Technik des aktiven Zuhörens, um Ihr Interesse zu bekunden und Ihre eigene Aufmerksamkeit zu schärfen.

Nützliche TECHNIKEN

Bevor Sie irgendwelche Fragen stellen, sollten Sie sie sorgfältig vorbereiten. Was Sie am Ende erfahren, hängt davon ab, wie Sie Ihre Fragen vorbringen. Beginnen Sie also damit, dass Sie sich selbst fragen, was Sie wirklich wissen wollen.

- Prüfen Sie, ob Sie eine konkrete Information über vergangene oder über zukünftige Ereignisse benötigen.
- Wenn Sie sich neu in ein Thema einarbeiten, sollten Sie sich zuerst klarmachen, was Sie wissen müssen, bevor Sie Fragen stellen.
- Wenn Sie die Ansicht einer anderen Person benötigen, sollten Sie sie um Hilfe bitten.
- Wenn Sie um eine Auskunft gebeten werden, sollten Sie zuerst klären, was genau der Fragesteller erfahren möchte.
- Wählen Sie Ihre Fragen sorgfältig und notieren Sie sich gegebenenfalls Stichworte, die Sie Punkt für Punkt abhaken können, damit Sie nichts Wichtiges vergessen.

Begründen Sie Ihre Fragen

Erläutern Sie Ihrem Gegenüber, warum Sie eine Frage stellen. Das ist besonders wichtig, wenn Sie defensive Reaktionen auf Fragen zu Person und Tätigkeit des Betreffenden vermeiden wollen. Beginnen Sie damit, dass Sie Ihre Fragen in einen Kontext stellen: »Ich bin hier, um herauszufinden, wie das Unternehmen seine Performance verbessern könnte. Haben Sie oder Ihr Team Vorschläge, wie wir die Zahl der unproduktiven Aktivitäten verringern könnten?«

Das ganze Bild Wenn Sie Ihren Gesprächspartner ausreden lassen, ohne ihn zu unterbrechen, ist die Chance auf eine umfassende Schilderung entschieden größer.

Warten Sie die Antwort ab

Machen Sie nicht den Fehler, Ihre Frage selbst zu beantworten. Wenn Sie bereits eine Vorstellung haben, wie die Antwort aussehen könnte, ist die Versuchung groß, mit der Frage bereits eine bestimmte Antwort zu suggerieren: »Glauben Sie, dass die Besprechungen wegen der großen Zahl der Teilnehmer so unergiebig sind?« Damit vermitteln Sie möglicherweise den Eindruck, Sie seien an anderen Meinungen gar nicht interessiert.

TIPP **Wer die Antwort zu kennen glaubt, läuft Gefahr, Fragen zu stellen, die seine Ansicht bestätigen. Versuchen Sie stattdessen, andere Sichtweisen in Erfahrung zu bringen.**

Verwenden Sie unterschiedliche Fragetypen

Der richtige Augenblick Sie können überall Fragen stellen, nicht nur in Besprechungen. Nutzen Sie auch zufällige, informelle Begegnungen.

Passen Sie Ihre Fragen an die Umstände an. Es gibt viele Fragetypen, und die Art und die Qualität der Informationen, die Sie in einer bestimmten Situation erhalten, hängt entscheidend davon ab, wie Sie fragen.

- **Geschlossene Frage:** Hier sind nur die Antworten »Ja« und »Nein« möglich: »Haben Sie den Bericht am Freitag fertiggestellt?«
- **Offene Frage:** Hier wird das Gegenüber ermuntert, freiwillig Informationen preiszugeben: »An welchen Berichten haben Sie in letzter Zeit gearbeitet?«
- **Anschlussfrage:** Bei dieser Technik nimmt der Fragesteller auf die zuvor gegebene Antwort Bezug, um genauere Einzelheiten zu erfahren: »Sie sagen, Sie seien mit dem Teamprojekt unzufrieden. Liegt das am Projekt oder am Team?«
- **Hypothetische Frage:** Dabei handelt es sich um eine offene Frage, die zur Spekulation ermuntert: »Was würden Sie als Gebietsleiter anders machen?«

Wer gut leben will, muss gute Fragen stellen. Erfolgreiche Menschen stellen bessere Fragen und erhalten folglich auch die besseren Antworten.

Anthony Robbins

- **Suggestivfrage:** Legt eine bestimmte Antwort nahe: »Denken Sie, dass das neue Schichtsystem gegen die Vorschriften verstößt, oder können wir das so machen?«

Häufig erhalten Sie eine bessere Antwort, wenn Sie Ihrer Frage eine Einleitung voranstellen. Wenn Ihre Frage ein wichtiges, heikles oder kompliziertes Problem betrifft, sollten Sie eine kleine Vorwarnung geben: »Ich weiß, dass die Beantwortung dieser Frage nicht leicht ist – nehmen Sie sich also ruhig Zeit dafür.« Die Chance auf eine durchdachte Antwort ist so viel größer, als wenn Sie Ihre schwierige Frage ganz unvermittelt stellen, mit der Gefahr, dass sich der Angesprochene in die Enge getrieben fühlt und seine Informationen nur noch widerwillig preisgibt.

Fallstudie: Den richtigen Moment wählen

Gebietsleiter John sollte herausfinden, warum eine bestimmte Filiale so enttäuschende Ergebnisse lieferte. Er befragte die zuständigen Mitarbeiter und zeigte sich mit dem Gehörten zufrieden, auch wenn er sicher war, dass ihm nicht die ganze Wahrheit erzählt wurde. Während er seine Abreise vorbereitete, plauderte er unverbindlich über Sport. Als der Filialleiter ihn zum Fahrstuhl begleitete, fragte er beiläufig: »Ach ja, was ist eigentlich das Problem mit Ihrem Verkäufer?« Die Antwort fiel sehr viel ehrlicher aus als alles, was John im Besprechungsraum zu Ohren gekommen war. Weil er dem, was unausgesprochen geblieben war, ebenso viel Beachtung geschenkt hatte wie dem gesprochenen Wort, fand John schließlich den Schlüssel zur Lösung des Problems.

- *Weil John sich die Tatsache zunutze machte, dass Menschen sehr viel bereitwilliger Informationen preisgeben, wenn sie entspannt sind, konnte er die Wurzel des Problems ausfindig machen.*
- *Er konnte auf die Situation Einfluss nehmen, bevor die Situation für diese Filiale bedrohlich geworden wäre.*

Zusammenfassen und nachhaken

Um Missverständnisse zu vermeiden, reicht es nicht, Fragen zu stellen und Antworten zu hören. Sie müssen zusätzlich klären, ob das, was Sie gehört zu haben glauben, das ist, was Ihr Gegenüber Sie hat wissen lassen wollen.

Was wollen Sie?

Überlegen Sie, was genau Sie sich von einem Gespräch, einer Fragerunde oder einer Besprechung erwarten. Wenn die Initiative für die Unterhaltung oder das Vieraugengespräch von der anderen Seite ausgeht, sollten Sie sich fragen, welches Ziel Ihr Gegenüber verfolgt. Kennen Sie dieses Ziel auch nach der Unterredung noch nicht genau, ist es möglich, dass Ihr Gegenüber entweder kein Ziel hat oder dass es Ihnen entgangen ist. Fragen Sie höflich nach, ohne den Eindruck zu vermitteln, dass Sie Ihrem Gesprächspartner Hintergedanken unterstellen. Wenn jemand ein Problem schildert oder um Unterstützung bittet, sollten Sie ihn behutsam fragen, ob er lediglich Ihre Meinung hören möchte oder aber konkrete Schritte von Ihnen erwartet.

Klarheit ist der Schlüssel zu jeder Problemlösung.

Nützliche TECHNIKEN

Mangelnde Klarheit in Aussagen führt häufig zu Missverständnissen und Fehlentscheidungen. Wenn Sie sicher sein wollen, dass Sie eine Botschaft richtig verstehen, sollten Sie die wichtigsten Punkte in einfachen Worten wiederholen und eventuelle Mehrdeutigkeiten aus der Botschaft eliminieren.

- Fassen Sie die Punkte zusammen.
- Lassen Sie sich vom Gegenüber bestätigen, dass Ihre Darstellung zutreffend ist.
- Trennen Sie zwischen Punkten, die dem Problem, und solchen, die der Lösung zuzuordnen sind.
- Verständigen Sie sich über die Aufgabenverteilung – oder darüber, keine Maßnahmen zu ergreifen.

Die richtige Diagnose

Ähnlich wie ein Arzt, der eine Krankheit diagnostiziert, muss ein guter Manager zwischen dem Problem selbst und seinen Symptomen unterscheiden.

- Stellen Sie zu Beginn klar, welchem Ziel das Projekt oder die Aktion dient und was schiefläuft.
- Begnügen Sie sich nicht mit der Feststellung, dass es ein Problem gibt – ergründen Sie, wo genau der Fehler auftritt.
- Fragen Sie alle Betroffenen, wie sie das Problem beurteilen.
- Bilden Sie sich dann Ihr eigenes Urteil, bevor Sie sich für konkrete Schritte entscheiden.

Problemdefinition und Lösungsfindung

Sobald das Ziel bekannt ist, müssen Sie zwischen zwei Diskussionsbereichen unterscheiden: dem Problem und der Lösung. Solange das Interesse nicht ausschließlich darin besteht, dem eigenen Ärger über ein Problem Luft zu machen, ist es stets zweckmäßiger, das Problem zu definieren und sich anschließend ganz auf seine Lösung zu konzentrieren. Stellen Sie klärende Fragen – so wissen Sie nicht nur, dass Sie Ihr Gegenüber richtig verstanden haben, sondern Sie helfen ihm auch, die eigenen Gedanken zu verstehen und zu sortieren. Exakte Fragen nach dem »Wann«, »Wer«, »Wie«, »Wo« und »Warum« wirken Wunder, wenn es darum geht, Missverständnisse zu vermeiden. Hüten Sie sich vor impliziten Annahmen – wenn ein Problem mit Fristen, Zahlen oder Beschwerden zu tun hat, sollten Sie sicherstellen, dass Sie die genauen Fristen, Daten und konkreten Beschwerden kennen. Viele Probleme sind lediglich das Ergebnis von Missverständnissen und Ungenauigkeiten.

> **Erfolgreiche Führungspersönlichkeiten schlagen bei der Darlegung eines Problems gleich Lösungen vor.**
>
> Malcolm S. Forbes

Hintergedanken erkennen

Manchmal können Sie eine Situation nicht allein dadurch erfassen, dass Sie Fragen stellen und den Antworten zuhören. Mitunter bestimmen Vorurteile, unterschwellige Konflikte oder Hintergedanken, von deren Existenz Sie gar keine Ahnung haben, darüber, wie jemand bestimmte Aussagen interpretiert und wie er sich verhält. Wenn Sie von der Eindeutigkeit und Unmissverständlichkeit Ihrer Botschaft überzeugt sind und die Gegenseite Ihnen zustimmt, ohne Ihnen jedoch volle Aufmerksamkeit zu schenken, sollten Sie nach möglichen Hindernissen Ausschau halten. Versuchen Sie herauszufinden, was der Kommunikation im Wege steht. Mögliche Faktoren sind das Bestreben, einen Fehler zu kaschieren, Gesichtswahrung, persönliche Ambitionen, Steckenpferde, Zukunftssicherung eines Arbeitsplatzes, eines Teams oder einer Abteilung, kulturelle Unterschiede, Vorurteile, persönliche Beziehungen oder Partialinteressen.

Handhabung des Problems

Sie müssen mit diesen Faktoren äußerst behutsam umgehen und dabei nicht vergessen, dass auch Sie möglicherweise nicht frei sind von dem einen oder anderen Vorurteil oder Hintergedanken. Wenn Sie das Gefühl haben,

Das Problem ansprechen Wenn Sie vermuten, dass Hintergedanken im Spiel sind, sollten Sie ein Vieraugengespräch suchen.

Fallstudie: Kulturen verstehen

Wayne wurde zum Leiter einer neuen Abteilung in einem Unternehmen mit Hauptsitz im Ausland berufen. Zu seinen ersten Handlungen gehörte die Einführung von Brainstorming-Sitzungen. Damit war es ihm in der Vergangenheit erfolgreich gelungen, neue Ideen zu entwickeln, Kollegen einander näherzubringen und einen Geist der Offenheit zu erzeugen. Diesmal jedoch machte während der Sitzungen kaum jemand den Mund auf – es herrschte eine bedrückende Stille. Wayne konnte nicht glauben, dass niemand in seinem neuen Team auch nur eine einzige Idee hatte, und befragte jeden Teilnehmer einzeln. Er stellte fest, dass in der Kultur des Unternehmens und des Landes, in dem er tätig war, die Hierarchie eine wichtige Rolle spielte. Ebenso wenig, wie es sich für Vorgesetzte ziemte, vor Untergebenen über strategische Fragen zu sprechen, trauten sich die Untergebenen, im Beisein ihrer Vorgesetzten den Mund aufzumachen.

- *Wayne erkannte, dass er das Problem nur lösen konnte, indem er mit den Mitgliedern seines Teams Vieraugengespräche führte.*
- *Nachdem er Einblick in die Kultur des Landes und des Unternehmens erhalten hatte, beschloss er, die Brainstorming-Sitzungen in kleine Gruppen Gleichgestellter zu untergliedern, und hatte damit großen Erfolg.*

dass ein Kommunikationshindernis besteht, sollten Sie versuchen, die verborgenen Gründe zu analysieren. Wenn Sie einen solchen Grund gefunden haben, sollten Sie mit der betreffenden Person sprechen und dafür sorgen, dass aus dem Dialog keine Konfrontation wird. Sind Sie latenten Motiven auf die Spur gekommen, sollten Sie versuchen, den Betreffenden zu einem Eingeständnis zu bewegen. Das erfordert jedoch je nach den Motiven für die Geheimhaltung der eigentlichen Absichten eine gehörige Portion Diplomatie. Überlegen Sie sorgfältig, ob Sie die Angelegenheit dann weiterverfolgen wollen oder ob Sie mit der Situation leben können, wie sie ist. Wenn sich beispielsweise herausstellt, dass ein Teammitglied fürchtet, Einfluss zu verlieren, sollten Sie nach Wegen suchen, wie Sie ihm seine Sorge nehmen und ihm helfen können, seine Ziele zu erreichen, während er gleichzeitig seinen Beitrag zu Ihren Zielen leistet.

2 Sprechen

Sprechen ist die persönlichste und direkteste Art der Kommunikation im Alltag. Wie sich die Menschen Ihnen gegenüber verhalten, hängt entscheidend davon ab, wie Sie mit ihnen sprechen, und dennoch wird die Kunst des Kommunizierens gemeinhin für eine Selbstverständlichkeit gehalten, die scheinbar keiner Pflege bedarf. Damit Sie auch wirklich etwas sagen, wenn Sie reden, wird dieses Kapitel Ihnen erklären, wie Sie:

- mittels Körpersprache und anderen nonverbalen Signalen kommunizieren,
- sich selbst besser ausdrücken,
- erfolgreich verhandeln,
- sich in Diskussionen und Auseinandersetzungen erfolgreich behaupten.

Körpersprache

Vieles von dem, was wir verstehen, wenn wir jemandem zuhören, entnehmen wir dem Klang der Stimme, der Gestik und der Körpersprache. Die nonverbale Kommunikation ist dabei mitunter sogar eindeutiger als das gesprochene Wort.

Glauben Sie Ihren Augen

Albert Mehrabian, eine führende Autorität auf dem Gebiet der nonverbalen Kommunikation, kommt zu dem Ergebnis, dass von den drei Elementen der Kommunikation von Angesicht zu Angesicht – Worte, Klang der Stimme und Körpersprache – die Worte nur sieben Prozent, der Klang der Stimme hingegen achtunddreißig und die Körpersprache fünfundfünfzig Prozent der Bedeutung transportieren. Wenn Sie andere instruieren, mit jemandem verhandeln oder Ihren Gesprächspartner überzeugen wollen, müssen Sie mit den Augen kommunizieren und sorgfältig darauf achten, welche Signale Sie aussenden.

Nonverbale Signale lesen

Zur nonverbalen Kommunikation gehören Gesichtsausdruck, Gesten, Klang der Stimme, Sprechtempo, Körperhaltung sowie die Art und Weise, wie Sie sich selbst gegenüber anderen positionieren. Nonverbale Signale können die Bedeutung des gesprochenen Wortes relativieren oder komplett überschreiben. Ein unnatürlicher Blickkontakt und eine konfrontative Körperhaltung transportieren irritierende Botschaften. Wer während des Sprechens den Blickkontakt vermeidet, suggeriert damit seinem Gegenüber, dass er das, was er sagt, nicht allzu ernst meint. Die Körpersprache kann jedoch ebenso wie das gesprochene Wort von Emotionen beeinflusst sein, die nicht wirklich etwas mit der intendierten Botschaft zu tun haben. Nur weil jemand unfähig ist, Ihnen beim Sprechen in die Augen zu sehen, muss das nicht heißen, dass er Sie belügt oder Ihnen etwas verschweigt – möglicherweise ist er nur schüchtern oder nervös.

Ihre Körpersprache spricht Bände.

Was Ihre Gesten über Sie sagen

Die Gesten, mit denen ein Sprecher seine Aussagen begleitet, assoziieren wir unbewusst mit bestimmten Bedeutungen. Stimmen Ihre explizite Botschaft und Ihre Körpersprache überein?

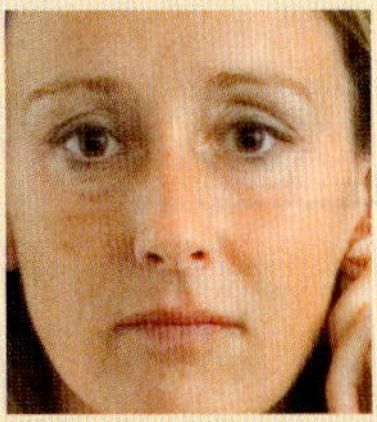

Blickkontakt Der direkte Blick in die Augen suggeriert Ehrlichkeit und Offenheit, sofern er nicht zu lange dauert; ist er länger als ein paar Sekunden, wirkt er aufdringlich und konfrontativ.

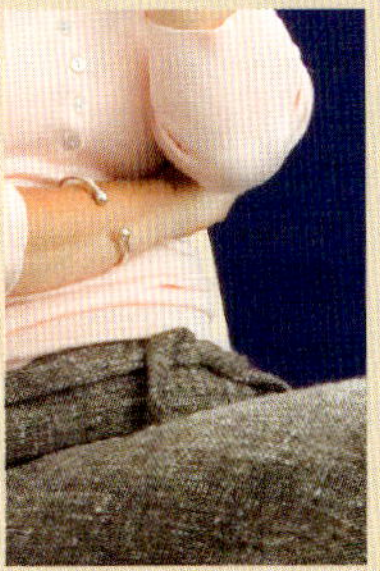

Körpersprache Eine geschlossene Körperhaltung wie beispielsweise gekreuzte Arme oder zur abgewandten Seite hin übergeschlagene Beine lassen auf das Bedürfnis schließen, sich zu schützen und die Worte des Gegenübers abzuwehren.

Unbewusste Signale Wer sich häufiger ans Ohr fasst, tut dies vielleicht nur aus alter Angewohnheit; dennoch sollten Sie sich der impliziten Botschaft bewusst sein: Ihr Gegenüber könnte meinen, dass Sie das Gehörte in Zweifel ziehen.

Emotionale Intelligenz und Körpersprache

In seinem Buch *Emotionale Intelligenz* vertritt Daniel Goleman die These von den fünf emotionalen Kernkompetenzen oder Fähigkeiten. Zuerst müssen Sie Ihre eigenen Gefühle kennen, damit Sie sie steuern und willentlich einsetzen können. Sodann sollten Sie die Gefühle anderer erkennen und verstehen, damit Sie Ihre Beziehungen zu diesen Menschen gestalten und effektiver mit ihnen interagieren können.

Fünf emotionale Fähigkeiten

Die eigenen Gefühle kennen
↓
Die eigenen Gefühle kontrollieren
↓
Gefühle anderer erkennen
↓
Körpersprachliche Signale verstehen
↓
Erfolgreich zu anderen in Beziehung treten

Kontrollieren Sie Ihre Gefühle

Goleman ist davon überzeugt, dass wir die für die berufliche Kommunikation so wichtige fünfte Fähigkeit nur erlangen, wenn wir über die ersten vier Fähigkeiten verfügen. Nehmen Sie sich einen Augenblick Zeit und prüfen Sie Ihre Gefühle, bevor Sie mit anderen sprechen. Sind Sie schüchtern, ängstlich, verärgert oder aufgebracht? Solche Emotionen können, sofern Sie sie nicht im Griff haben, Ihre Fähigkeit beeinträchtigen, sich und andere zu motivieren.

Körpersprache einsetzen

POSITIVE WIRKUNG

- Im Sitzen: Lehnen Sie sich nach vorn, Richtung Gesprächspartner
- Stehen Sie aufrecht
- Öffnen Sie die Augen weit
- Gestikulieren Sie großzügig mit den Händen

NEGATIVE WIRKUNG

- Augenkontakt vermeiden
- Den Kopf zur Tür drehen
- Häufiger auf die Uhr schauen
- Die Arme vor der Brust kreuzen
- Sich am Nacken kratzen
- Den Blick gesenkt halten

Einstellungen und Meinungen kann man lesen – in der Körpersprache, im Blick.

Camille Lavington

Sie wirken sich auf Ihr Verhalten aus und können zu Kommunikationsproblemen führen. Emotionen werden häufig wirkungsvoller über die nonverbale als über die verbale Kommunikation transportiert; achten Sie also in der Körpersprache Ihres Gegenübers besonders auf Gefühlssignale. Wenn Sie darin Anzeichen von Frust, Nervosität oder Langeweile entdecken, muss das nicht zwingend heißen, dass Sie die Ursache sind; wenn Ihnen aber an der Kommunikation gelegen ist, sollten Sie dennoch versuchen, eventuelle Barrieren zu überwinden. Ist das Interesse Ihres Gegenübers am Gespräch anfangs groß und nimmt es dann aber ab, sollten Sie umgehend die Taktik ändern, um es erneut zu wecken.

Fallstudie: Persönlicher Raum

John, der als Anzeigenverkäufer für einen Zeitschriftenverlag arbeitete, wurde von den Mitgliedern seines Teams als aggressiv und einschüchternd wahrgenommen, obgleich er niemals laut wurde und die Meinung anderer stets respektierte. Jedes Mal, wenn er mit seinem Team sprach, überraschte ihn erneut die negative Reaktion, die er erhielt, bis er schließlich seinen Kollegen Ahmed um Rat fragte. Dieser machte John darauf aufmerksam, dass er mit seiner Angewohnheit, sich sehr dicht neben seine Gesprächspartner zu stellen, deren persönlichen Raum verletzte und damit provozierend wirkte. John nahm sich die Kritik zu Herzen und wahrte fortan etwas mehr Abstand, wenn er mit anderen sprach.

- *Indem John den Rat seines Kollegen ernst nahm, konnte er seine Körpersprache optimieren.*
- *Dank seiner neuen Körpersprache waren die Mitglieder seines Teams fortan lockerer, wenn er mit ihnen sprach. Sie zeigten sich aufgeschlossener gegenüber seinen Ideen und verbesserten ihre Performance.*

Wie Sie sich gut ausdrücken

Vielleicht haben Sie manchmal den Eindruck, andere könnten sich viel besser verständlich machen als Sie selbst. Es gibt jedoch diverse Tricks, um Ihren Worten mehr Ausdruck zu verleihen.

Verleihen Sie jedem Wort Gewicht

Ein wahrer Kommunikationskünstler kennt keine zweckfreie Plauderei. Jeder Austausch dient einem Ziel wie beispielsweise der Verfestigung einer Freundschaft, der Vermittlung einer Vision oder der Überzeugungsarbeit. Manche Menschen sind sprachliche Naturtalente; aber selbst wenn Sie nicht zu diesem Kreis gehören, können Sie Ihre Ausdrucksstärke entscheidend verbessern, indem Sie:

- Ihre Worte sorgfältig wählen,
- klar und präzise formulieren,
- einen konkreten Praxisbezug herstellen,
- an die Sinne appellieren,
- die ganze Geschichte erzählen.

Mit der richtigen Sprache kommt Ihre Botschaft auch an.

Wählen Sie Ihre Worte sorgfältig

Sofern Sie nicht ein ausgesprochenes Improvisationstalent haben, sollten Sie sich im Voraus zurechtlegen, was Sie zu bestimmten An-

Fachjargon vermeiden

POSITIVE WIRKUNG	NEGATIVE WIRKUNG
»Wir schaffen etwas völlig Neues«	»Das Unternehmen steht vor einem Paradigmenwechsel«
»Wir ermöglichen Geschäftskunden billiges Telefonieren«	»Wir sind Big Players im Bereich B2BVoIP/PSTN«
»Wir bevorzugen die interne Beförderung, um unseren Mitarbeitern eine Perspektive zu bieten«	»Wir ziehen aus den Humanressourcen den bestmöglichen Nutzen«
»Wir bedienen schwerpunktmäßig unseren größten Markt«	»Wir konzentrieren unsere Anstrengungen auf die Marktbildung«

Think SMART

Das Bedürfnis, das Gespräch im Gang zu halten, unterläuft häufig eine sinnvolle Kommunikation, weil die wesentlichen Punkte in der Flut der Worte untergehen und die Aufmerksamkeit der Beteiligten überstrapaziert wird.

Wählen Sie Ihre Worte sorgfältig und sprechen Sie klar und verständlich. Schmälern Sie die Wirkung nicht nachträglich, indem Sie ununterbrochen weiterreden. Sprechen Sie nicht um des Sprechens willen oder um Stille zu vermeiden.

lässen sagen wollen. Wählen Sie eine auf Ihr Publikum abgestimmte Sprache. Viele Geschäftsleute neigen zu einer übertrieben komplizierten Sprache, um besonders intelligent zu wirken. Das wirkt jedoch nicht authentisch. Proben Sie Ihren Vortrag laut und stellen Sie sich dabei vor, zu Freunden zu sprechen. Gebrauchen Sie Formulierungen, die Sie auch im gewöhnlichen Gespräch verwenden.

Stellen Sie einen Praxisbezug her

Machen Sie es Ihrem Gegenüber leicht, den Inhalt Ihrer Botschaft zu erfassen. Beziehen Sie sich auf reale Erfahrungen, erzeugen Sie konkrete Szenarios und verwenden Sie Gleichnisse und Metaphern.

- Führen Sie reale Beispiele an, um die Zuhörer an deren eigene Erfahrungen zu erinnern und Ihre Botschaft damit zu verknüpfen: »Denken Sie daran, wie es sich anfühlte, als Ihre Arbeitsplatzbeschreibung das letzte Mal verändert wurde.«
- Untermauern Sie Ihre Aussage mit konkreten Szenarien: »Wenn wir dieses Produkt online vertreiben würden, könnten wir in den Filialen ein Vermögen einsparen.«
- Gebrauchen Sie metaphorische Vergleiche, um bestimmte Aussagen anhand konkreter Bezüge verständlich zu machen.

TIPP Überlegen Sie, wie Sie Ihre Aussage jemandem verständlich machen würden, dem das Thema völlig neu ist. Das sollte dann jeder verstehen.

Appellieren Sie an die Sinne

Wir interpretieren die Welt durch unsere fünf Sinne des Tastens, Schmeckens, Riechens, Sehens und Hörens. Die Einbeziehung der Sinne verleiht Ihrer Botschaft Unmittelbarkeit und Realität. Das gilt auch für abstrakte Inhalte wie beispielsweise Gefühle. Wir können darüber sprechen, wie sich ein Vorschlag »anfühlt« oder ob er uns »schmeckt«. Indem wir Ideen sinnlich beschreiben, verleihen wir ihnen mehr Gewicht. Vertretern der neurolinguistischen Programmierung (NLP) zufolge sind Ausdruckweise und Verhalten eines Menschen unmittelbar mit den Sinnen verknüpft, die ihm am wichtigsten sind. Wer stark visuell geprägt ist, reagiert besser auf Aussagen wie »Ich sehe, was du meinst« und »Das sieht mir ganz danach aus« als ein auditiv geprägter Mensch, der eher auf Sätze wie »Das hört sich gut an« anspricht.

Fallstudie: Gefühle äußern

Davids Mitarbeiterin Sam erledigte nur einen kleinen Teil ihres Arbeitspensums. Als David sie zur Rede stellte, reagierte sie verstockt. Er beschloss, es noch einmal zu versuchen. Er sagte: »Jeden Monat stapeln sich die Berichte auf meinem Tisch.« Dann sprach er von seinen Gefühlen: »Das verursacht bei mir richtiggehende Panik.« Und er fuhr fort: »Ich finde das nicht gerecht, und ich fürchte, je mehr Zeit ich mit Verwaltungsdingen beschäftigt bin, desto mehr leidet darunter meine kreative Tätigkeit und damit letztlich meine berufliche Zukunft.« Dann erläuterte er, was ihm vorschwebte: »Ich würde mir wünschen, dass wir diese Aufgaben gleichmäßig unter uns aufteilen und beide unseren Teil der Verantwortung tragen.« Sam dachte über Davids Worte nach und sah ein, dass sie sich unfair verhalten hatte. Fortan nahm sie David mehr Arbeit ab.

- *Als David seine Vorgehensweise änderte und Sam seine Gefühle und Gedanken schilderte, öffnete sie sich seinen Argumenten und seiner Sichtweise.*
- *Die neue Kooperation führte dazu, dass beide ihr Arbeitspensum rasch und effizient bewältigen konnten.*

Erst denken, dann sprechen

Bevor Sie Ihren Gesprächspartner mit Ihrer Beobachtung, Bitte oder Erwartung konfrontieren, sollten Sie genau überlegen, was Sie damit erreichen wollen. Welche Antwort Sie erhalten, hängt davon ab, wie Sie Ihre Worte wählen.

- Machen Sie sich klar, worauf Sie reagieren, und benennen Sie die Fakten.
- Werden Sie sich Ihrer Gefühle zu diesem Thema bewusst.
- Überlegen Sie, woher diese Gefühle kommen.
- Machen Sie sich klar, was Sie erreichen wollen.

Seien Sie ehrlich mit sich selbst

Während es allgemein akzeptiert ist, von der eigenen »Leidenschaft« für den Beruf zu sprechen, gelten andere Gefühle fast ausnahmslos als suspekt. Gelegentlich erscheint schon das Eingeständnis, überhaupt Gefühle zu hegen, als Schwäche; entsprechend verbreitet ist die Neigung, Gefühle wie Unsicherheit, Eifersucht oder Nervosität schlicht zu leugnen. Machen Sie sich Ihre Reaktion auf Ereignisse, Herausforderungen und andere Menschen bewusst, und versuchen Sie, sich in Bezug auf die Art und Stärke Ihrer Emotionen nichts vorzumachen.

Erzählen Sie die ganze Geschichte

Sie können Ihre Beobachtungen sehr viel eindrücklicher vortragen und andere sehr viel besser von Ihren Vorschlägen überzeugen, wenn Sie sie mit Gefühlen garnieren. Indem Sie Ihren Gesprächspartner wissen lassen, was Sie fühlen und was Sie sich wünschen, erzeugen Sie in ihm ähnliche Gefühle, die es beiden Seiten erleichtern, sich zu einigen und zu einem zufriedenstellenden Ergebnis zu gelangen.

Zwischenmenschliche Probleme sind ein Hauptgrund für geschäftliche Misserfolge.
John Kotter

Verhandeln

Wir verhandeln ständig mit Menschen in unserem Umfeld – mit unseren Freunden, Lebensgefährten, Kindern und Arbeitskollegen. Wo immer sich zwei oder mehr Menschen auf etwas verständigen müssen, kommt es zu einer Verhandlungssituation.

Was heißt verhandeln?

Eine Verhandlung ist ein Einigungsprozess, in dessen Ergebnis alle Beteiligten annähernd bekommen, was sie sich wünschen. Verhandlungen dienen nicht dem Ziel, eine Seite zum Sieger und die andere zum Verlierer zu machen, sondern eine Lösung zu finden, die für alle Seiten akzeptabel ist. Bitten Sie zu Beginn einer Verhandlung die Beteiligten um eine explizite Bestätigung, dass es ihnen um eine Einigung und nicht um einen Sieg auf Kosten der anderen geht. Den Kern einer Verhandlung bildet die Unterscheidung zwischen den »Erfordernissen«, die nicht verhandelbar sind, und den Wünschen, bei denen Zugeständnisse möglich sind. Bei allen Verhandlungen ist das Prinzip stets dasselbe: In einem ersten Schritt sollten Sie Ihre Situation analysieren, Ihre Erfordernisse und Wünsche. Vergewissern Sie sich anschließend in einem zweiten Schritt, dass die andere Seite dasselbe getan hat.

Think SMART

Viele Verhandlungen finden abseits offizieller Verhandlungstische statt. Bei formellen Besprechungen nämlich geht es allzu oft darum, die eigene Reputation zu sichern und das Gesicht zu wahren.

Versuchen Sie, sich bereits vor der eigentlichen Verhandlung informell abzusprechen. Hier können Sie Brücken bauen, Hinweise zu Ihrem Bewegungsspielraum geben und die andere Seite zu ähnlichen Schritten animieren. Häufig hilft es zudem, die eigentliche Verhandlung für eine Kaffeepause zu unterbrechen und die Zeit zu nutzen, um sich zu entspannen und in einem weniger formellen Umfeld miteinander zu sprechen.

Grundlegende Verhandlungstaktiken

Zu einer Lösung kommen Ziel einer Verhandlung ist nicht der Sieg, sondern eine für alle vorteilhafte Lösung.

Überlegen Sie, wie die Alternative zu einer Verhandlungslösung aussähe und ob sie für Sie akzeptabel wäre. Wenn nicht, gehen Sie folgendermaßen vor:

- Trennen Sie die Menschen von dem Problem – machen Sie deutlich, dass hier nicht jeder gegen jeden kämpft, sondern alle gemeinsam versuchen, ein Problem in den Griff zu bekommen.
- Legen Sie besonderen Wert auf Fairness – dann wird der andere eher bereit sein, sich in das Verhandlungsgeschehen einzuklinken und einen konstruktiven Beitrag zu leisten.
- Unterscheiden Sie zwischen Erfordernissen und Wünschen – überlegen Sie ganz ehrlich, was für Sie verhandelbar ist und was nicht.
- Denken Sie nicht nur an das, was Sie erreichen wollen, sondern auch an das, was Sie dafür geben können.
- Tragen Sie zur Gesichtswahrung Ihrer Verhandlungspartner bei – wenn eine der beteiligten Seiten das Ergebnis als beschämend und den Verhandlungsverlauf als ungerecht empfindet, wirft das auch auf Sie ein schlechtes Licht, und die Aussichten, dass die Einigung langfristig ist, sind gering.

Sagen Sie notfalls Nein

In einer idealen Welt würde am Ende jeder Verhandlung eine einvernehmliche Gesamtlösung stehen. In der Realität bleibt Ihnen mitunter nur die Option, sich querzustellen. Nein zu sagen fällt jedoch selten leicht. Vielleicht wollen Sie Ihren Gesprächspartner nicht vor den Kopf stoßen, oder Sie fürchten, dass eine Ablehnung als Zeichen gedeutet werden könnte, dass Sie die an Sie gestellten Anforderungen nicht erfüllen können. Sie fürchten, dass Sie in Zukunft nicht erneut gefragt werden oder dass Sie sich mit Ihrer Weigerung bei Ihren Kollegen unbeliebt machen.

Lernen Sie, dem Druck standzuhalten

Es ist jedoch wichtig, dass Sie Nein sagen können. Andernfalls drohen diverse negative Konsequenzen:

- Vielleicht nehmen Sie Ihr Ja dem Bittsteller übel.
- Andere können Ihr Ja verallgemeinern und Sie in Zukunft vermehrt mit ähnlichen Bitten konfrontieren.
- Sie werden als schwach und nachgiebig wahrgenommen.
- Sie werden sich vermutlich ein Arbeitspensum aufladen, das mit viel Stress verbunden ist.

Ein Nein gehört zu den stärksten Worten.

Machen Sie sich wegen Ihrer ablehnenden Haltung keine weiteren Gedanken – wer dringend Hilfe braucht, wird sie andernorts suchen und finden.

Entscheidend ist, wie Sie es sagen

Ein »Nein« kommt vielen Menschen nur schwer über die Lippen, wenn sie gebeten werden, etwas Bestimmtes zu tun. Verständige Menschen können mit einer Ablehnung übrigens sehr viel besser umgehen, wenn Sie ihnen die Gründe nennen. Geben Sie Ihrem Gegenüber zuerst zu verstehen, dass Sie seine Bitte nachvollziehen können: »Es tut mir leid, ich weiß sehr wohl, wie viel Sie zu tun haben, aber heute kann ich wirklich nicht helfen.« Das Nein steht immer noch, aber es findet sich weich verpackt im Ausdruck Ihres Bedauerns und Ihres Wissens um die Nöte des anderen.

Verstärken Sie Ihre Botschaft

Wenn Sie am Ende Dinge tun, denen Sie sich eigentlich verweigern wollten, haben Sie nicht deutlich genug Nein gesagt. Wenn Sie Ihre ablehnende Haltung unmissverständlich machen wollen, ohne grob oder unkooperativ zu wirken, sollten Sie Folgendes ausprobieren:

- Machen Sie keinen allzu freundlichen Gesichtsausdruck – damit würden Sie Ihre Botschaft nur abschwächen.
- Stellen Sie keine weitere Fragen, wie beispielsweise »Wie viel?« oder: »Bis wann?« Damit würden Sie die Bereitschaft zum Einlenken signalisieren.
- Stehen Sie auf, wenn jemand Sie aus der stehenden Position heraus fragt. Indem Sie die Körpersprache Ihres Gesprächspartners spiegeln, signalisieren Sie Sympathie.
- Äußern Sie Ihr Nein lieber früher als später. Entschuldigen Sie sich für die Unterbrechung und sprechen Sie Ihr Nein aus.
- Kommen Sie einer Bitte zuvor, indem Sie sich rechtzeitig entschuldigen und dabei klarstellen, dass Sie für diese Aufgabe nicht zur Verfügung stehen.
- Demonstrieren Sie Ihren guten Willen, indem Sie Alternativen vorschlagen. Eine Antwort wie »Heute schaffe ich das nicht, aber nächste Woche habe ich etwas freie Zeit« verbindet die Absage mit einem Zeichen der Hilfsbereitschaft.
- Ein Nein kann der Auftakt zu Verhandlungen sein. Indem Sie sagen: »Heute schaffe ich das nicht, aber vielleicht nächste Woche, falls Sie mir dafür bei meinem Bericht behilflich sein könnten«, eröffnen Sie sich eine Fülle von Möglichkeiten.

Ein deutliches Nein Diese Weigerung, die durch die Körpersprache noch verstärkt wird, ist unmissverständlich.

Überzeugend wirken

Glaube inspiriert. Wenn Sie von etwas fest überzeugt sind und diese Gewissheit glaubhaft vermitteln können, können Sie mehr Einfluss auf andere ausüben.

Senden Sie klare Botschaften aus

Ähnlich wie bei einem Nein kann es auch vorkommen, dass man Ihnen Ihr Ja nicht glaubt. Solange Ihre Botschaften nicht eindeutig sind, nimmt man Ihnen Ihre Überzeugung nicht ab und argwöhnt, dass Sie sich Ihrer Sache nicht sicher sind oder Ihrer Umwelt etwas vormachen. Es gibt mehrere Möglichkeiten, wie Sie zeigen können, dass Sie das, was Sie sagen, auch wirklich ernst meinen:

- **Bereiten Sie sich vor**
  Wenn Sie eine Meinung oder eine Überzeugung haben, die Ihnen wichtig ist, sollten Sie darauf vorbereitet sein, sie klar zum Ausdruck zu bringen. Leidenschaft allein reicht nicht aus, und im Eifer des Gefechts wird es Ihnen nicht immer gelingen, Ihre Gedanken auf Anhieb geordnet vorzubringen. Überlegen Sie also vorher, wie Sie Ihre Umwelt überzeugen wollen.

Wählen Sie Ihre Worte Die Zeit ist begrenzt – drücken Sie sich also klar und präzise aus.

Fallstudie: Jeden Einzelnen ansprechen

Wann immer Aisha in Vertriebskonferenzen ihre Ideen präsentierte, war das Interesse groß, ohne dass sie die anderen jedoch überzeugen konnte. Sie fand diesen Zustand frustrierend und irritierend. Ihr wurde bewusst, dass ihre Körpersprache ihre Nervosität verriet, als wäre sie von ihren eigenen Argumenten nicht überzeugt. Sie identifizierte die Schlüsselfiguren unter den Anwesenden und wandte sich einzeln an jeden von ihnen. Aisha erhielt auf diese Weise mehr Unterstützung, und als sie einen Vorschlag bei nächster Gelegenheit erneut präsentierte, fand er die nötige Zustimmung.

- *Nachdem Aisha verstanden hatte, dass sich ihr Unbehagen mit der Situation auf ihre Körpersprache übertrug, war sie in der Lage, eine brauchbare Lösung für das Problem zu finden.*
- *Sobald sie wusste, dass es Kollegen gab, die ihren Vorschlag unterstützten, konnte sie ihre Ideen zuversichtlicher und überzeugender vortragen.*

- **Fassen Sie sich kurz**
  Eine sechzigsekündige Verkaufspräsentation und ein knapp skizzierter Geschäftsplan sind nicht dem Zeitmangel geschuldet; sie zeigen vielmehr, dass jemand Zeit und Mühe investiert hat, um seine Gedanken auf ein Minimum zu komprimieren. Kürze ist unverzichtbar, wenn Sie andere überzeugen wollen.
- **Lassen Sie Ihren Körper sprechen**
  Die Körpersprache der Überzeugung ist unmissverständlich. Dazu gehören Blickkontakt und eine eindeutige Gestik der Hände, beispielsweise nach außen gedrehte Handflächen mit zusammengepressten Fingern oder die in die Handfläche gedrückte Faust. Wer den Blick gesenkt hält und seinem Gegenüber nicht in die Augen schaut oder mit seinen Händen herumspielt, schwächt hingegen seine Überzeugungskraft.

TIPP Sprechen Sie vor größeren Gruppen bestimmt, langsam und in normaler Stimmlage – alles andere wirkt unsouverän.

Erfolgreich argumentieren

Sie müssen nicht an allen Fronten kämpfen. Sobald Sie jedoch beschlossen haben, sich auf eine Debatte einzulassen, sollten Sie alles tun, damit das Ergebnis Ihren Wünschen entspricht.

Worum geht es Ihnen wirklich?

Bevor Sie sich auf eine Auseinandersetzung einlassen, sollten Sie genau wissen, was Sie sich davon erwarten. Wollen Sie:

- eine Frage klären,
- sich Gehör verschaffen,
- andere in ihrem Tun beeinflussen,
- vorgefasste Meinungen hinterfragen,
- Ihr Können unter Beweis stellen oder
- reinen Tisch machen?

Vermeiden Sie unangemessene Auseinandersetzungen.

Wenn Sie hingegen ein Missverständnis ausräumen, sich mit jemandem vertragen, Dampf ablassen oder auf die Versäumnisse anderer hinweisen wollen, ist eine argumentative Auseinandersetzung nicht das geeignete Mittel. Hier bieten sich andere Lösungen an.

Lassen Sie sich nicht provozieren

Sie können nicht jede Auseinandersetzung gewinnen. Überlegen Sie also, ob Sie sich auf eine Diskussion einlassen wollen oder ob Sie Ihre Interessen auch anders wahren können. Wenn eine Auseinandersetzung unausweichlich ist, sollten Sie Zeitpunkt und Ort sorgfältig wählen. Die eigenen (oder zumindest neutrale) Gefilde sind dafür sicherlich besser geeignet als das Büro Ihres Widersachers. Behaupten Sie notfalls, dass Sie noch einmal ein paar Fakten recherchieren müssen, und vereinbaren Sie Zeit und Treffpunkt so, dass Sie die Chance haben, Ihre Sicht der Dinge verständlich und komprimiert vorzutragen.

TIPP Zeigen Sie, dass Sie nicht nur für sich selbst denken und sprechen. Das Wort »wir« ist sehr viel gewichtiger als das Wort »ich«.

Maximieren Sie Ihre Erfolgschancen

Wenn Sie ein klares Ziel haben, können Sie Ihre Erfolgschancen bei Auseinandersetzungen erhöhen, indem Sie folgende Ratschläge beherzigen:

- ➡ Machen Sie sich mit Ihrem Thema vertraut und halten Sie alle relevanten Fakten und Zahlen parat.
- ➡ Machen Sie sich klar, zu wem Sie sprechen – die Personen und ihr Leumund spielen eine wichtige Rolle.
- ➡ Wählen Sie den richtigen Augenblick. Sonst besteht die Gefahr, dass Ihr Anliegen auf unfruchtbaren Boden fällt.
- ➡ Hören Sie aktiv zu und vergewissern Sie sich mithilfe von Gegenfragen, dass Sie Ihren Gesprächspartner richtig verstanden haben.
- ➡ Trennen Sie zwischen Problemen und Lösungen – vielleicht wird aus der Auseinandersetzung noch eine richtige Verhandlung.
- ➡ Stellen Sie Verallgemeinerungen infrage und widerlegen Sie falsche Voraussetzungen.
- ➡ Fassen Sie die Diskussion regelmäßig zusammen. Das hilft, die Gedanken zu sortieren, und rückt das eigentliche Problem samt einer möglichen Lösung wieder in den Mittelpunkt.
- ➡ Lassen Sie sich von eigenen Fehlern nicht irritieren. Wenn Ihr Gegenüber Sie auf eine Schwachstelle in Ihrer Argumentation aufmerksam macht, sollten Sie dies großzügig eingestehen.
- ➡ Werden Sie nicht persönlich. Versuchen Sie sich auf das eigentliche Problem zu konzentrieren und greifen Sie Ihren Gesprächspartner nicht persönlich an.

Verhalten bei Auseinandersetzungen

POSITIVE WIRKUNG

- Führen Sie einfache Argumente an, denen jeder zustimmen kann
- Verwenden Sie klare und unmissverständliche Formulierungen
- Konzentrieren Sie sich auf die Themen und nicht auf die Personen
- Versuchen Sie, den Standpunkt Ihres Gegenübers zu verstehen

NEGATIVE WIRKUNG

- Obszöne oder grobe Formulierungen verwenden
- Pseudojuristische Argumente verwenden
- Andere beschuldigen und über sie herziehen
- Die Sichtweise der Gegenseite nicht anerkennen

Argumentationsketten

Manchmal müssen Sie Ihr Anliegen Leuten präsentieren, die andere, möglicherweise diametral entgegengesetzte Ansichten hegen. Hier hilft es, wenn Sie ganz rational vorgehen.

Logisch denken

Eine Position vertreten heißt, sie auch gegenüber Menschen zu verteidigen, die ganz anderer Ansicht sind. Ein bewährtes Mittel, um dennoch Überzeugungsarbeit zu leisten, ist eine logische Ableitung oder Argumentationskette. Sie besteht aus einer Reihe von bereits bewiesenen Aussagen, den Prämissen, und einer Schlussfolgerung, die sich daraus logisch ergibt. Je häufiger Sie diese Form des Argumentierens einsetzen, umso überzeugender wirken Sie und umso mehr Auseinanderset-

Die logische Ableitung

Formulieren Sie eine grundlegende Prämisse

↓

Leiten Sie daraus einleuchtende Schlussfolgerungen ab

↓

Zeigen Sie, dass Ihre Behauptung aus diesen Aussagen zwingend folgt

Think SMART!

Wenn Sie eine Behauptung logisch begründen wollen, sollten Sie Ihre Argumentationskette zuvor auf dem Papier skizzieren, indem Sie die einzelnen Prämissen und Ableitungen in Kästchen notieren, die Sie mit Pfeilen verbinden.

Bevor Sie Ihre Argumentation vortragen, können Sie sich die Prämissen anhand dieser Skizze einprägen. So können Sie sich ganz darauf konzentrieren, Ihre Argumente überzeugend vorzutragen. Arbeiten Sie die logische Argumentationskette von den Prämissen bis zu Ihrer Behauptung klar heraus.

Von den Prämissen zur Schlussfolgerung

In einer Argumentationskette ist die Schlussfolgerung die Aussage, für die Sie sich die Zustimmung der Gegenseite erhoffen. Die Prämissen und Ableitungen bilden den Weg hin zu dieser Behauptung.

- Die Prämisse ist die zentrale Annahme, der Startpunkt auf dem Weg zur Schlussfolgerung. Die Überzeugungskraft der gesamten Argumentationskette hängt entscheidend davon ab, dass die Gültigkeit dieser Prämisse dem Gesprächspartner unmittelbar einleuchtet: »Wir beide wissen, dass David keinen Wirtschaftsabschluss hat, und Vorstandsmitglied dieses Unternehmens kann nur werden, wer einen MBA aufzuweisen hat.«
- Sobald die Gegenseite Zustimmung signalisiert, können Sie die erste Ableitung formulieren: »Weil David keinen MBA hat, kann er den Vorstandsposten vergessen.«
- Wenn die Gegenseite auch diese Ableitung akzeptiert, wird daraus eine neue Prämisse, aus der weitere Ableitungen gebildet werden können: »Weil David keinen Vorstandsposten bekommt, wird er das Unternehmen vermutlich verlassen.«

zungen werden Sie für sich entscheiden können. Der Vorteil dieser Methode besteht darin, dass Sie Ihr Gegenüber dazu verleiten, Ihnen schrittweise zuzustimmen, bis Sie bei der Schlussfolgerung ankommen, auf die Sie es von Beginn an abgesehen haben. Der Nachteil ist, dass mit der Länge der Kette die Zahl der logischen Kettenglieder zunimmt, von denen nur eines zerbrechen muss, damit die gesamte Kette reißt. Versuchen Sie dieser Gefahr zu begegnen, indem Sie Ihre Argumentation so einfach wie möglich halten.

TIPP Vermeiden Sie in Ihren Prämissen Formulierungen wie »bekanntlich« oder »offensichtlich«. Damit unterstellen Sie das Einverständnis Ihrer Zuhörer, statt es zu gewinnen.

Zusammenfassung: Sprechen lernen

Sprechen heißt noch lange nicht verstanden werden. Gute Redner wissen um den Wert des Zuhörens als Instrument, um der eigenen Argumentation mehr Überzeugungskraft zu verleihen und die Gesprächspartner aufnahmebereiter zu machen. Kommunikation bedeutet nicht, sich klangvoll in Szene zu setzen, sondern eine Botschaft zu vermitteln.

Die Botschaft vermitteln

3 Verhandeln

- Machen Sie sich den Zweck des Verhandelns klar
- Analysieren Sie Ihre Situation: die Erfordernisse und Wünsche
- Erlernen Sie die grundlegenden Verhandlungstaktiken
- Machen Sie sich klar, wie wichtig es ist, Nein sagen zu können

4 Überzeugen

- Überlegen Sie, was Sie erreichen wollen
- Prüfen Sie, ob eine argumentative Auseinandersetzung das beste Mittel ist
- Bereiten Sie Ihre Argumentation vor, achten Sie dabei auf eine klare Sprache
- Nutzen Sie logische Ableitungen und Argumentationsketten

3 Vor Gruppen sprechen

Wenn Sie Geschäftsleute fragen, was sie am meisten fürchten, lautet die Antwort in aller Regel: vor großer Runde sprechen. Vor Kollegen und anderen zu sprechen ist eine wichtige Fähigkeit, die Ihnen große Chancen bietet. Daher sollten Sie solche Auftritte nicht fürchten, sondern geradezu suchen. In diesem Kapitel erfahren Sie, wie Sie:

- in Einstellungsgesprächen einen guten Eindruck machen,
- optimale Ansprachen an Ihr Team halten,
- sinnvolle Besprechungen führen,
- eindrückliche Präsentationen halten,
- technische Möglichkeiten nutzen,
- öffentliche Reden halten.

Vorstellungsgespräche

In den unzähligen Ratgebern zum Thema Vorstellungsgespräche geht es immer um dieselben zentralen Fragen. Wenn Sie diese souverän beantworten können, werden Sie am entscheidenden Tag einen guten Eindruck hinterlassen.

5 Minuten Lösung

Wenn Sie sehr kurzfristig zu einem internen Bewerbungsgespräch geladen werden, sollten Sie sich ein paar Minuten nehmen und

- Ihr äußeres Erscheinungsbild überprüfen – ein gutes Aussehen erzeugt Sicherheit,
- ein Dutzend zu erwartender Fragen notieren und Ihre Antworten darauf vorbereiten,
- eine Minute lang tief ein- und ausatmen, um innerlich zur Ruhe zu kommen.

Was wollen Sie sagen – und wie?

In einem Vorstellungsgespräch sollte Ihnen das Reden nicht schwerfallen – schließlich spricht jeder gern von sich selbst. Allerdings macht Ihnen vermutlich Ihre Nervosität zu schaffen. Dem können Sie vorbeugen, indem Sie Ihre Antworten auf die zu erwartenden Fragen in einem Probeinterview mit einem Freund einstudieren. Sobald Sie wissen, was Sie sagen, wie Sie sitzen und was Sie fragen wollen, werden Sie sich sicherer fühlen. Ein Vorstellungsgespräch bietet Ihnen die willkommene Gelegenheit, etwas über sich zu erzählen. Diesmal können Sie sicher sein, dass man Ihnen zuhört. Sprechen Sie langsam und keinesfalls schneller als der Fragesteller. Versuchen Sie sich auf die Frage zu konzentrieren anstatt auf Ihre Nervosität oder Ihr Gefühl der Unsicherheit. Wenn Sie eine Frage nicht verstehen, sollten Sie nachhaken – das ist besser, als am Thema vorbeizureden. Machen Sie sich klar: Niemand will Sie schikanieren; Ihr Gegenüber will lediglich sicherstellen, dass Sie der richtige Kandidat sind.

TIPP **Mag ein Unternehmen auch noch so locker wirken – Ihr Erscheinungsbild wird genau registriert. Kleiden Sie sich angemessen und zeigen Sie, dass Sie sich Mühe gegeben haben.**

Übung macht den Meister

Es gibt Fragen, die bei jedem Vorstellungsgespräch auftauchen. Trainieren Sie die Beantwortung dieser Fragen, damit Sie sicher und überzeugend reagieren können, wenn sie Ihnen im Lauf des Gesprächs gestellt werden.

➡ **Warum wollen Sie diesen Job?**
Hier sollten Sie die Bereiche betonen, in denen Sie sich als besonders geeignet für den Job betrachten. Sprechen Sie darüber, inwiefern Sie mit Ihren Fähigkeiten die Stelle gut ausfüllen, und weniger darüber, was der Job Ihnen geben wird.

➡ **Warum wollen Sie für dieses Unternehmen arbeiten?**
Informieren Sie sich vorher, damit Sie über die Dynamik, das Renommee, den Führungsstil und die Erfolgsbilanz des Unternehmens sprechen können.

➡ **Welche Qualitäten erfordert diese Stelle Ihrer Ansicht nach?**
Lenken Sie die Aufmerksamkeit auf Ihre Stärken, indem Sie die Fähigkeiten aufzählen, die Sie mitbringen.

➡ **Was können Sie zum Unternehmenserfolg beitragen?**
Nennen Sie ein Beispiel, das zeigt, wie gut Sie sind, und beschreiben Sie, wie das Unternehmen von diesem Talent profitieren kann.

➡ **Was sind Ihre Schwachpunkte?**
Das ist eine schwierige Frage, aber Sie sollten niemals behaupten, dass Sie keine hätten. Nennen Sie eine Schwäche, die Sie bereits überwunden haben, und drehen Sie die Frage um, indem Sie zeigen, dass Sie über die Selbsterkenntnis, die Fähigkeit und den Willen verfügen, an sich zu arbeiten.

Techniken für das Vorstellungsgespräch

POSITIVE WIRKUNG

- Fragen Sie die Interviewer nach ihren Erfahrungen als Angestellte dieses Unternehmens
- Erkundigen Sie sich nach Möglichkeiten und Chancen der Weiterentwicklung
- Informieren Sie sich im Vorfeld über das Unternehmen, damit Sie gezielte Fragen stellen können

NEGATIVE WIRKUNG

- Nur auf Fragen antworten, anstatt auch selbst aktiv zu fragen
- Nur Fragen zum Gehalt, den Arbeitsbedingungen und den Zusatzleistungen stellen
- Vor dem Gespräch nichts über den Hintergrund, die Erfordernisse und Ziele des Unternehmens in Erfahrung bringen

Das Gruppeninterview

Die harmloseste Form des Vorstellungsgesprächs ist das Einzelinterview. Weil aber immer häufiger Gruppeninterviews verwendet werden, sollten Sie überlegen, wie Sie sich in einer solchen Situation souverän verhalten und den bestmöglichen Eindruck hinterlassen.

Werden Sie Ihrer Persönlichkeit gerecht

Gruppeninterviews erlauben es den Interviewern, Sie dabei zu beobachten, wie Sie mit anderen interagieren – dabei geht es insbesondere darum, ob Sie eher eine Führungskraft oder ein Gefolgsmensch sind und ob Sie sich durchzusetzen wissen oder es in einer Gruppe nicht wagen, den Mund aufzumachen. Häufig umfasst eine solche Gruppenveranstaltung eine gemeinsame Übung, bei der die Teilnehmer diskutieren und zu einer Einigung kommen müssen, oder eine fiktive Besprechung, bei der die Teilnehmer reihum den Vorsitz führen. Versuchen Sie nicht, jemand zu sein, der Sie nicht sind, und lassen Sie sich nicht einschüchtern. Wenn Sie sich zunächst selbstbewusst geben und dann schüchtern-zurückhaltend auftreten, kann der Verdacht aufkommen, Sie seien nicht besonders teamfähig. Versuchen Sie eher zu führen als zu folgen, aber tun Sie dies in einer Art und Weise, die zeigt, dass Sie ein guter Teamspieler sind.

Interviewer lesen jedes Signal, das Sie aussenden.

Das Panelinterview

Bei einem Panelinterview werden die Fragen von mehreren Leuten gestellt. Für die meisten Stellenbewerber ist diese Form der Befragung mit viel Stress verbunden, und Ihre Fähigkeit, mit Stress umzugehen, gehört zu den Eigenschaften, die mit einer solchen Befragungsform auf die Probe gestellt werden soll. Achten Sie darauf, dass Sie mit allen Panelmitgliedern Kontakt aufbauen – sie sind ebenso wichtig wie der Fragesteller. Schauen Sie zuerst dem Fragesteller in die Augen und stellen Sie anschließend mit jedem Panelmitglied Blickkontakt her, um gegen Ende Ihrer Ausführungen wieder zum Fragesteller zurückzukehren.

Eine klare und souveräne Körpersprache

Verzichten Sie auf aufgeregtes Gestikulieren, blicken Sie geradeaus; übertreiben Sie den Blickkontakt nicht und vermeiden Sie »geschlossene« Körperhaltungen wie beispielsweise gekreuzte Arme.

Machen Sie Eindruck
Versuchen Sie, freundlich, aber neutral zu gucken. Üben Sie vor dem Interview diverse Gesichtsausdrücke vor dem Spiegel – Sie werden überrascht sein, wie einige davon wirken.

Gerader Blick Blicken Sie stets geradeaus und bemühen Sie sich um einen offenen Gesichtsausdruck, wenn Sie Ihr Gegenüber zum ersten Mal sehen. Vermeiden Sie es, über anderer Leute Köpfe hinwegzusehen – das kann hochnäsig wirken.

Geben Sie sich souverän
Stehen Sie aufrecht und lassen Sie die Arme entspannt hängen – stets bereit zum Handschlag mit einem Interviewer. Hände in den Taschen würden für einen solchen Anlass allzu lässig wirken.

Teammitglieder motivieren

Wann immer Sie zu einem Team sprechen, sollten Sie Ihre Botschaft auf die spezielle Gruppe abstimmen und eine aufmunternde und motivierende Sprache verwenden, mit der Sie den Teammitgliedern Ihre Wertschätzung demonstrieren.

Langfristig motivieren

Mit Schreien, Betteln und Beleidigungen können Sie vielleicht eine Fußballmannschaft dazu bringen, in einer neunzigminütigen Kraftanstrengung alles zu geben. Um jedoch ein Team bei seiner täglichen Arbeit zu motivieren, müssen Sie einen längerfristigen Ansatz wählen und subtilere Formen des Ansporns verwenden. Wenn Sie Ihre Mitarbeiter richtig motivieren, werden aus innerlich unbeteiligten Angestellten echte Stakeholder.

Ein motiviertes Team ist ein produktives Team.

Zu Feedback ermuntern

Sie demonstrieren Ihre Wertschätzung für die Leistung Ihrer Teammitglieder, indem Sie sie zu Feedback ermuntern. Wenn Sie dafür nicht die Teambesprechungen nutzen wollen, können Sie spezielle Sprechstunden dafür reservieren, um E-Mails bitten oder einen Briefkasten bereitstellen. Damit signalisieren Sie, dass Sie jeden Mit-

Motivationstechniken

POSITIVE WIRKUNG

- Loben Sie die Mitarbeiter persönlich
- Unterstreichen Sie die Bedeutung der Gruppenleistung
- Unterstreichen Sie die Bedeutung des individuellen Beitrags
- Setzen Sie konkrete und realistische Ziele und Fristen
- Zeigen Sie Wege zur Zielerreichung auf

NEGATIVE WIRKUNG

- Konkreten Personen die Schuld geben, wenn etwas schiefläuft
- Für die Gruppe oder Einzelne beleidigende Vergleiche anstellen
- Den Beitrag der Einzelnen nicht angemessen würdigen
- Die Ziele und Fristen des Teams unklar lassen
- Außerhalb des Teams arbeiten

Erfolgreich motivieren

Erzählen Sie jedem Mitarbeiter, wie wichtig er für das Unternehmen ist. Wäre er nicht wichtig, würden Sie ihn nicht in die Teambesprechungen einbeziehen.

- Machen Sie jedem klar, dass sein Einsatz ihm selbst zugute kommt.
- Loben Sie Ihre Mitarbeiter gebührend – jeder braucht Anerkennung für das, was er leistet.
- Zeigen Sie Begeisterung und Einsatz – gehen Sie mit gutem Beispiel voran.
- Erzählen Sie jedem, wie Ihre eigene Rolle aussehen wird. Demonstrieren Sie, dass Sie hart für das gemeinsame Ziel arbeiten.
- Legen Sie präzise Ziele und Fristen fest. Lediglich mehr Einsatz einzufordern genügt nicht. Ein erklärtes Ziel und eine Frist für die Zielerreichung sind unverzichtbar, wenn Sie Resultate sehen wollen.
- Erklären Sie im Voraus, wonach der zusätzliche Einsatz beurteilt werden wird. Ohne klare Messkriterien können Sie Ihre Mitarbeiter nicht zu mehr Leistung anspornen.

arbeiter schätzen und dass alle zusammen in einem Boot sitzen. Das ist besonders für die weniger kontaktfreudigen Teammitglieder wichtig.

Langfristigkeit sichern

Die Teambesprechung wirkt unter Umständen noch nach, wenn das Team schon längst wieder mit seiner Arbeit beschäftigt ist. Haben Sie soeben Ihre Mitarbeiter gelobt oder zu einer besonderen Kraftanstrengung angespornt, sollten Sie dies im Unternehmen bekannt machen. Das können Sie beispielsweise in Form einer E-Mail tun, mit der Sie Ihren Dank für das Erreichte oder für die gezeigte Einsatzbereitschaft zum Ausdruck bringen. Setzen Sie Ihren Vorgesetzten oder andere Projektleiter als Kopieempfänger ein, um deutlich zu machen, dass Sie Ihr Team innerhalb des Unternehmens fördern.

Coachen und beraten

Was auch immer Sie im Leben tun – es wird immer mal eine Situation geben, in der Sie anderen bei der Lösung ihrer Probleme unter die Arme greifen müssen. Mit gutem Coaching und gezielten Gesprächen können Sie anderen helfen, ihre Ziele zu erreichen.

Was ist Coaching?

Teambesprechungen sind die natürlichste Form des Teamcoachings, aber wenn Sie Ihre Kollegen oder Mitarbeiter zu Höchstleistungen anspornen wollen, reicht es nicht, nur gelegentlich mit ihnen zu sprechen. Sie müssen jedem von ihnen regelmäßig zu verstehen geben, dass Sie:

Coaching fördert die persönliche Entwicklung.

- von seinen Fähigkeiten überzeugt sind und seine Arbeit schätzen,
- nur gemeinsam mit ihm erfolgreich sein können,
- ihn stets beim Verfolgen der Ziele unterstützen und motivieren werden,

Zentrale Beraterqualitäten

Die wichtigsten Eigenschaften, die ein Coach mitbringen muss, sind die Fähigkeit zum aktiven Zuhören und Einfühlungsvermögen. Es ist außerdem unerlässlich, dass der Coaching-Klient dem Berater Vertrauen entgegenbringt. Ein guter Berater ist in der Lage:

- ➡ denen, die Hilfe benötigen, echte Unterstützung zu bieten,
- ➡ Verschwiegenheit zu garantieren (und zu gewährleisten),
- ➡ seine Klienten zur Selbsthilfe zu ermuntern und anzuleiten,
- ➡ sie zu ermutigen, bei Bedarf professionelle Hilfe in Anspruch zu nehmen.

- sich seinen Erfolg ebenso wünschen wie er selbst.

Zuhören und nachempfinden Ein guter Coach muss aktiv zuhören, sich in die Menschen einfühlen und sie anleiten, ihre eigenen Entscheidungen zu treffen.

Gemeinsame Ausflüge, Team-T-Shirts und Belohnungen sind gleichermaßen geeignet, den Teamgeist zu fördern, jedoch nur, wenn Sie diese fünf Punkte regelmäßig klar und deutlich vermitteln. Nutzen Sie jede Gelegenheit und wiederholen Sie Ihre Überzeugungen auch anderen gegenüber; kommentieren Sie Schwierigkeiten und Erfolge und äußern Sie sich zu den Zielen und den Möglichkeiten, diese zu erreichen.

Beratung

Beratung dient dazu, den Mitarbeitern zu helfen, den Weg zur Lösung ihrer Probleme aus eigener Kraft zurückzulegen. Aufgabe des Beraters ist es nicht, konkrete Lösungen anzubieten oder sich selbst als Therapeut oder Experte zu gerieren, sondern den Betreffenden durch entsprechende Gespräche dabei zu helfen, ihre eigenen Entscheidungen zu treffen.

TIPP **Machen Sie die Teamziele in den Büros sichtbar, etwa in Form von Diagrammen oder »Thermometern«, die die Aufmerksamkeit auf den Projektfortschritt lenken.**

Besprechungen

Besprechungen sind die wichtigste und kreativste Form der Kommunikation am Arbeitsplatz. Mitunter sind sie jedoch reine Zeitverschwendung. Sie haben die Wahl, welchen Weg Sie gehen wollen.

Der Zweck von Besprechungen

Viele Besprechungen sind Zeitverschwendung, weil sie keinen klaren Zweck verfolgen. In einer Besprechung geht es um die Zusammenarbeit und Interaktion. Wenn Sie Ihre Besprechungen allerdings nur dazu nutzen, Informationen bereitzustellen und Ihre Mitarbeiter zu instruieren, sollten Sie dafür andere Wege wie beispielsweise Newsletter oder E-Mail verwenden. Damit Ihre Besprechung Sinn macht, sollten Sie zuvor folgende Fragen abarbeiten:

- **Was ist das Ziel?** Ohne Zweck oder konkretes Ziel ist jede Besprechung sinnlos.
- **Gibt es bessere Alternativen?** Ist eine Besprechung die einzige Möglichkeit? Könnten Sie die Aufgabe mit einem Telefonat, einer Konferenzschaltung, einer Onlinediskussion oder einem Memo besser lösen?

Was steht auf der Tagesordnung?

Eine Tagesordnung verleiht Ihrer Besprechung Struktur und steuert die Aufmerksamkeit der Teilnehmer – besonders, wenn ihre Namen darauf verzeichnet sind. Selbst freie Besprechungsformen wie beispielsweise ein Brainstorming kann von einer Tagesordnung profitieren, aus der hervorgeht,

- ➡ wie das Thema der Besprechung lautet,
- ➡ wer die Sitzung eröffnet,
- ➡ wer an der Sitzung teilnimmt,
- ➡ wer die ersten Berichte oder Vorschläge formuliert,
- ➡ wie lange die Sitzung dauern soll.

Think SMART

Weil jede Besprechung ein Ziel haben sollte, sollte sie mit einer Entscheidung über das weitere Vorgehen enden.

Beschließen Sie am Ende Ihrer Sitzung, was zu tun ist, und bestimmen Sie für jede Aufgabe einen Zuständigen. Solange kein offizieller Protokollführer vorgesehen ist, sollten Sie jedes Mal einen zuverlässigen Teilnehmer damit beauftragen, Ziele und Zuständigkeiten festzuhalten.

- **Wie sieht die Tagesordnung aus?** Ohne Tagesordnung erkennen die Teilnehmer kein Ziel und keine Struktur.
- **Sind die richtigen Personen anwesend?** Wenn wichtige Personen nicht teilnehmen, ist vermutlich eine weitere Sitzung erforderlich. Prüfen Sie, bevor Sie eine Besprechung anberaumen, ob die wichtigsten Personen Zeit haben.
- **Sind die Teilnehmer vorbereitet?** Machen Sie Ziel und Tagesordnung im Voraus bekannt und lassen Sie die Teilnehmer wissen, was von ihnen erwartet wird, damit sie sich vorbereiten können.
- **Wissen die Teilnehmer um die Wichtigkeit des Besprechungsergebnisses?** Sorgen Sie dafür, dass die Konsequenzen einer ergebnislosen Besprechung allen Beteiligten bewusst sind.

Nutzen Sie jede Besprechung für Beschlüsse

Das Problem von Besprechungen ist häufig, dass sie den Blick auf die wahren Probleme verstellen und folglich nicht wirklich ernst genommen werden. Wenn jeder Beteiligte weiß, wie wichtig es ist, tragfähige Beschlüsse zu fassen, wird die Bedeutung der Besprechung allen klar. Verzichten Sie auf Besprechungen, die lediglich dazu dienen, eine weitere Besprechung anzuberaumen.

Häufig finden die unproduktivsten Leute den größten Gefallen an langatmigen Besprechungen.

Thomas Sowell

Wirkungsvoll auftreten

Wenn Sie in eine Besprechung gehen, sollten Sie Ihr Ziel fest vor Augen haben und im richtigen Augenblick Ihren Beitrag leisten. Falls Sie damit Schwierigkeiten haben, kann das verschiedene Gründe haben: Schüchternheit, Nervosität, mangelnde Vorbereitung oder die zynische Einstellung, die ganze Veranstaltung sei Zeitverschwendung. Diese Gründe werden zu Selffulfilling Prophecys. Sind Sie zu nervös, um den Mund aufzumachen, wird man Sie nicht mehr nach Ihrer Meinung fragen; sind Sie nicht vorbereitet, können Sie nicht überzeugen; halten Sie Besprechungen für Zeitverschwendung, dann ist es eben so. Ein guter Diskussionsleiter, eine thematische Struktur und eine offene Unternehmenskultur tragen zur Qualität der Besprechung bei, aber letztlich kommt es auf Sie persönlich an, ob Sie zum Erfolg der Veranstaltung beitragen oder in Apathie versinken.

Setzen Sie sich in Szene

Wenn Sie etwas zu sagen haben, sollten Sie es nicht nur beiläufig einfließen lassen. Verschaffen Sie sich mit einer einleitenden Bemerkung Gehör: »Ich bin froh, dass wir heute über dieses Thema sprechen, denn ich arbeite

Souveränität Mit einer souveränen Präsentation gewinnen Sie die Zuhörer für Ihr Anliegen.

Der Kreislauf der Apathie

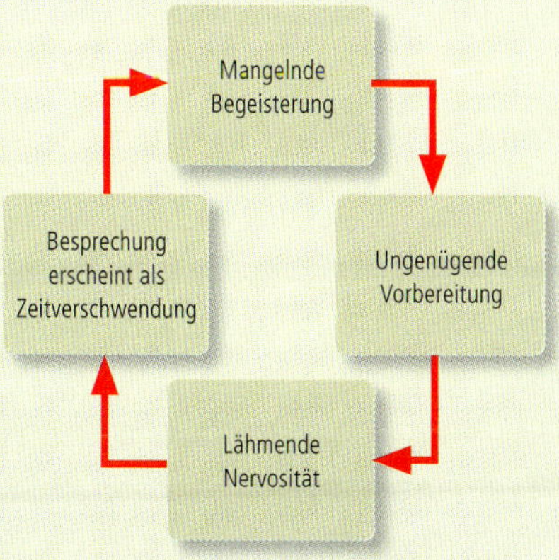

bereits seit geraumer Zeit an genau diesem Problem.« So lenken Sie die Aufmerksamkeit auf sich und Ihren Vorschlag. Auch wenn Sie keinen Vorschlag zu machen haben, sollten Sie nicht in Passivität verfallen. Notieren Sie sich die wesentlichen Punkte und halten Sie sich bereit, mit einer kurzen Zusammenfassung die Diskussion wieder auf die zentralen Fragen zurückzuführen, falls sie abzuschweifen droht. Wiederholen Sie die entscheidenden Punkte und fragen Sie, ob Sie sie richtig verstanden haben. Damit zeigen Sie, dass Sie zugehört haben. Lenken Sie die Aufmerksamkeit der Anwesenden auf das eigentliche Ziel und fragen Sie, ob Ihr zusammenfassender Vorschlag in die richtige Richtung weist. Werfen Sie die Frage nicht einfach in die Runde, sondern sprechen Sie gezielt einzelne Anwesende an. Fragen Sie anschließend die Runde, ob alle mit der erhaltenen Antwort einverstanden sind.

Den Kreislauf durchbrechen Es liegt in Ihrer Hand, jede Besprechung, ob als Leiter oder Teilnehmer, zum Erfolg zu führen.

TIPP Sagen Sie lieber »wir« als »ich« und »du«. Beziehen Sie alle Anwesenden ein, indem Sie mit jedem Blickkontakt aufnehmen.

TIPP **Erscheinen Sie zu Besprechungen, die Sie selbst einberufen haben, stets rechtzeitig. Ansonsten brauchen Sie auch von den übrigen Teilnehmern nichts anderes zu erwarten.**

Formulieren Sie knapp und prägnant

Weil die Aufmerksamkeitsspanne der Menschen beschränkt ist, hört man Ihnen umso besser zu, je kürzer Sie sich fassen. Formulieren Sie Ihre Aussage so klar wie möglich und gehen Sie nicht ins Detail, es sei denn, Sie werden ausdrücklich dazu aufgefordert. Wenn sich Ihre Aussage nicht auf ein oder zwei Sätze reduzieren lässt, sollten Sie eine kurze Zusammenfassung vorbereiten und mit einer Beschreibung der eventuellen Auswirkungen Ihres Vorschlags enden. Illustrieren Sie Ihre Aussage mit realen Beispielen. Wenn Sie die Sitzung moderieren, ist es Ihre Aufgabe, andere zu stoppen, die vom Thema abkommen, sich in Belanglosigkeiten verlieren oder die Veranstaltung für ihre Zwecke missbrauchen. Erinnern Sie die Teilnehmer an den Zweck der Besprechung, ohne grob zu erscheinen. Machen Sie deutlich, dass Sie im Interesse der Runde handeln. »Das ist ein hervorragender Punkt, aber könnten Sie den anwesenden Ingenieuren zeigen, wie sich das auf ihr Projekt auswirkt?«

Fallstudie: Die Aufmerksamkeit bündeln

Karen, Verkaufsleiterin eines großen Softwareherstellers, machte regelmäßig die Beobachtung, dass ihr hochintelligentes, aber leicht ablenkbares Team bei den Besprechungen nicht bei der Sache war und endlos über Nebensächlichkeiten diskutierte. Sie experimentierte daraufhin mit großen Postern im Sitzungsraum, auf denen Fragen standen wie: »Was ist der Zweck der Sitzung?« »Werde ich meiner Rolle in der Besprechung gerecht?« »Bin ich ausreichend vorbereitet?« Bald waren ihre Besprechungen themenkonzentriert und produktiv und begannen und endeten pünktlich.

- *Karens Poster erinnerten ständig an den Zweck der Besprechung und halfen den Teilnehmern, sich auf das Thema zu konzentrieren.*
- *Indem Karen unterstrich, dass alle Anwesenden Teil der Veranstaltung waren, spornte sie sie an, sich konstruktiver zu beteiligen.*

Diskussionsleitung

Selbst informelle Brainstorming-Sitzungen profitieren von einer guten Gesprächsleitung. Indem Sie Ihre Fähigkeiten als Moderator entwickeln und lernen, Besprechungen optimal zu leiten und dabei jedermann zu Wort kommen zu lassen, beweisen Sie Führungsqualitäten.

Erfolgreiche Besprechungen sind stets lebendig und spontan, erfordern aber dennoch Struktur und eine lenkende Hand, wenn sie tragfähige Ergebnisse liefern sollen. Die beiden wichtigsten Faktoren, die es bei der Planung einer Besprechung zu berücksichtigen gilt, sind der Teilnehmerkreis und das Diskussionsthema – der Zweck der Veranstaltung.

- ➡ Verteilen Sie schriftliche Einladungen, damit genau diejenigen an der Besprechung teilnehmen, auf deren Anwesenheit es ankommt.
- ➡ Fügen Sie jeder Einladung eine Tagesordnung bei, damit die Teilnehmer im Vorfeld wissen, worüber gesprochen wird und in welcher Reihenfolge die Themen behandelt werden. So können sie die erforderlichen Unterlagen und Materialien vorbereiten und mitbringen.

Moderation

POSITIVE WIRKUNG

- Wählen Sie Tage und Tageszeiten, zu denen Sie mit maximaler Teilnahme und mit maximalem Interesse rechnen können
- Legen Sie Besprechungen stets in die Arbeitszeit
- Informieren Sie jeden Teilnehmer über den Zweck der Besprechung
- Erklären Sie, wie lange die Besprechung vermutlich dauern wird, und starten und enden Sie pünktlich
- Dulden Sie kein Zuspätkommen
- Achten Sie auf die Einhaltung der Redezeiten

NEGATIVE WIRKUNG

- Besprechungen während oder unmittelbar nach der Mittagspause, am Montagmorgen, am Freitagnachmittag oder außerhalb der regulären Arbeitszeit ansetzen
- Personen einladen, für deren Teilnahme es keinen Grund gibt
- Kein Zeitlimit setzen – das ermuntert zur ziellosen Plauderei
- Auf Nachzügler warten
- Den Teilnehmern erlauben, ihre Redezeit zu überziehen oder anderen ins Wort zu fallen

Präsentationen

Einen Vortrag zu halten ist für viele mit Ängsten verbunden; zugleich liegt darin jedoch auch eine wunderbare Chance. Wer vorträgt, steht im Rampenlicht und kann seine Ideen verbreiten und seine Kommunikationskünste unter Beweis stellen.

Ein klares Ziel

Der erste Schritt auf dem Weg zur Präsentation besteht darin, dass Sie sich fragen: Wo liegt der Zweck der Präsentation? Machen Sie sich folgende Punkte klar, damit Sie wissen, was Sie für Ihre Präsentation benötigen:

- Führen Sie ein neues Produkt oder eine neue Dienstleistung ein?
- Wollen Sie zum Handeln auffordern?
- Reagieren Sie mit Ihrer Präsentation auf die Präsentation eines anderen?
- Wollen Sie vorrangig unterhalten oder informieren?

Planen Sie die Details

Die Bestandteile einer guten Präsentation

Einem geflügelten Wort zufolge besteht ein guter Vortrag daraus, dass Sie Ihren Zuhörern sagen, was Sie sogleich sagen werden, dies dann sagen und anschließend noch einmal sagen, was Sie soeben gesagt haben. Eine solche Struktur mit Einleitung, Hauptteil und Zusammenfassung ist kein schlechter Ansatz, reicht aber nicht aus. Beginnen Sie damit, dass Sie alles sammeln, was Sie sagen müssen, um anschließend die Hälfte wieder zu streichen. Je kürzer und einfacher Ihr Vortrag, desto größer sind Ihre Erfolgschancen.

- **Beginnen Sie mit einem Paukenschlag**
  Das kann eine provokante These, ein Witz oder ein Zitat sind; die einfachste und wirkungsvollste Methode besteht jedoch häufig darin, dem Publikum eine Frage zu stellen und herauszufinden,

wie es über das Vortragsthema denkt. Ziel dieser Übung ist es, das Interesse des Publikums zu wecken und es in das Thema einzuführen.

- **Immer der Reihe nach**
  Führen Sie sich selbst ein und erzählen Sie dem Publikum von den interessantesten Punkten Ihrer Tätigkeit.
- **Machen Sie das Publikum neugierig**
  Sagen Sie, was Sie zu erzählen beabsichtigen und warum das Thema das Publikum interessieren sollte. Erklären Sie, welche Chancen sich dem Publikum eröffnen, auf welche Konsequenzen es sich gefasst machen muss und welche Schritte von ihm erwartet werden.

Präsentationen sind hervorragende Gelegenheiten, um Eindruck zu machen.

- **Führen Sie Ihr Thema aus**
  Bringen Sie Leben in Ihr Thema, indem Sie es mit Beispielen, Szenarios, Fallgeschichten und Anekdoten anreichern.
- **Enden Sie mit einem Paukenschlag**
  Fassen Sie zum Schluss die wesentlichen Punkte Ihres Vortrags zusammen und kündigen Sie dessen Ende an. Nutzen Sie die neu erwachte Aufmerksamkeit des Publikums, um ihm den Punkt, von dem Sie sich am meisten wünschen, dass ihn jeder im Gedächtnis behält, zu präsentieren.

Think SMART

Vergewissern Sie sich, dass Zeit und Ort des Vortrags stimmen, dass am Veranstaltungsort alles Erforderliche vorhanden ist und dass alle elektrischen Geräte funktionieren.

Finden Sie heraus, wo sich die Steckdosen befinden, ob die Sitzplätze ausreichen und die Filzschreiber funktionieren. Bereiten Sie sich umfassend vor, damit Sie die Präsentation auch dann noch halten können, wenn Ihre Hilfsmittel aufgrund eines Stromausfalls oder anderer unerwarteter Probleme nicht verfügbar sind.

PowerPoint

Bei PowerPoint-Präsentationen besteht die Gefahr, dass eine Präsentation der anderen gleicht. Stimmen Sie jede Präsentation auf Ihr Publikum ab. Verwenden Sie nicht mehr als zwanzig Folien und beschränken Sie sich stets auf wenige Zeilen Text.

Maßgeschneiderte Präsentationen

Die einfachste Methode, Ihrem Vortrag den Charakter eines Massenartikels zu nehmen, ist die Verwendung einer Titelfolie, auf der Datum und Ort der Veranstaltung sowie das Publikum Erwähnung finden. Sie können auch das Firmenlogo auf jeder Folie unterbringen. Damit zeigen Sie, dass es sich nicht um eine Standardpräsentation handelt.

Quartalsgewinne

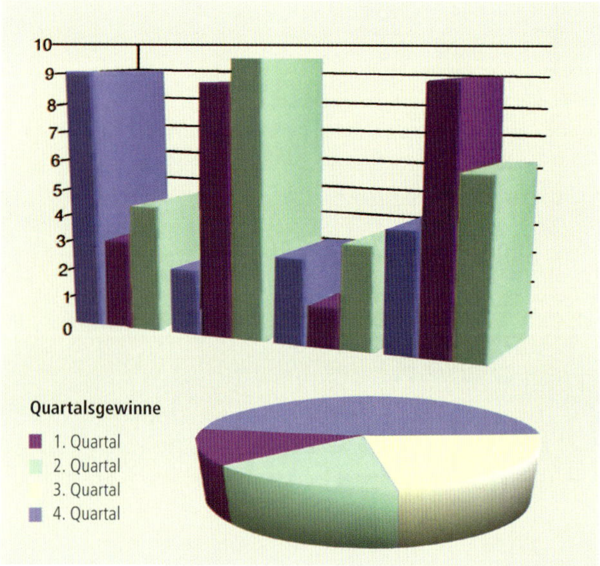

Softwareeinsatz Präsentationssoftware wie PowerPoint macht es Ihnen leicht, Folien zu erstellen, zu ordnen und vorzuführen. Grafiken wie diese Balken- und Tortendiagramme lassen sich rasch und unkompliziert erstellen und optimieren, bis sie den Erfordernissen Ihrer Präsentation gerecht werden.

Nützliche TECHNIKEN

Die Darbietung einer Power-Point-Präsentation ist schwieriger, als es auf den ersten Blick scheinen mag, und erfordert eine gewisse Übung.

Bitten Sie einen Freund oder Kollegen, einen Probedurchlauf auf Video aufzunehmen.

- Halten Sie Ihre Präsentation vor einem leeren Raum; drehen Sie sich zum Raum hin (wo das Publikum sitzen wird).
- Wenn Sie während Ihres Vortrags auf eine Folie Bezug nehmen, sollten Sie dem Publikum nicht oder nur kurz den Rücken zuwenden.
- Studieren Sie das Video und achten Sie darauf, was Ihre Körpersprache über den Grad Ihrer Wertschätzung des Publikums verrät. Korrigieren Sie gegebenenfalls Ihre Körperhaltung und Ihre Gesten.

Illustrationen

Fotos, Clipart oder Comics in eine Präsentation einzubauen bereitet keinerlei Probleme. Ebenso gut können Sie mit einer Digitalkamera erstellte Bilder Ihres Publikums oder des vorgestellten Produkts verwenden. Erhöhen Sie die Aufmerksamkeit Ihres Publikums, indem Sie Ihre Zahlen nicht als simple Tabellen, sondern in Form von Balken- oder Tortendiagrammen präsentieren.

Spezialeffekte

Nutzen Sie Animationen, aber übertreiben Sie nicht. Lenken Sie das Publikum nicht mit Comicfiguren ab. Bringen Sie stattdessen mittels des Animationsmenüs Leben in Ihre Texte. Markieren Sie das Textfeld auf Ihren Folien und klicken Sie auf Animationseffekte. Bauen Sie Ihre Argumentation sukzessive auf, indem Sie die Stichworte einzeln ins Bild gleiten lassen:

- Zu Beginn beschränkt sich der Folientext auf die erste Textzeile.
- Per Mausklick oder Tastendruck erscheint jeweils die nächste Zeile.

Mit diesem Feature können Sie den Informationsfluss steuern und sicherstellen, dass das Publikum Ihren Ausführungen folgt, statt schon die nächsten Punkte zu lesen.

Interaktion mit dem Publikum

Häufig ist der Austausch mit dem Publikum, entweder während oder nach einer Präsentation, der am meisten gefürchtete Teil der Veranstaltung. Das ist verständlich – Menschen sind unkalkulierbar und könnten Fragen stellen, auf die Ihnen keine Antwort einfällt (oder sie stellen womöglich überhaupt keine Fragen), oder sie könnten Sie mit Zwischenrufen aus dem Konzept bringen. Aber vergessen Sie nicht: Sie geben den Ton an, und ein bisschen Interaktion kann da gar nicht schaden. Hier sind einige Formen der Interaktion:

- **Auf einzelne Zuhörer verweisen**
  Wenn Sie vor Ihrer Präsentation mit einzelnen Zuhörern gesprochen haben, können Sie sie während des Vortrags namentlich erwähnen.
- **Eine Frage stellen**
  Beginnen Sie die Veranstaltung mit einer Frage – damit wecken Sie die Anwesenden auf und lenken ihre Aufmerksamkeit auf das, was Sie erzählen wollen.
- **Menschen als »Präsentationsmittel«**
  Bringen Sie Zuhörer oder Gäste auf die Bühne, damit sie etwas von ihrem Wissen preisgeben – live oder in einem Videoclip.

Fallstudie: Das Publikum wachrütteln

Qiang sollte ihre Präsentation auf einer Vertriebskonferenz unmittelbar nach der Mittagspause halten, wenn das Publikum erfahrungsgemäß müde und unkonzentriert ist. Sie beschloss, einen Überraschungsangriff zu starten und einzelne Zuhörer auf die Bühne zu zitieren und dort um ihre Meinung zu bitten. Tatsächlich hatte sie die betreffenden Kollegen vorgewarnt, aber die übrigen Zuhörer hatten den Eindruck einer spontanen Aktion. Aus Furcht, auch sie könnten auf die Bühne zitiert werden, waren plötzlich alle hellwach und bei der Sache.

- *Qiangs Taktik erzeugte die lebendigste Frage-Antwort-Sitzung der gesamten Konferenz.*
- *Sämtliche Teilnehmer der Konferenz erinnerten sich noch lange nach der Veranstaltung an alle wichtigen Details.*

Publikumsfragen

Das Publikum bei einer Präsentation einzubeziehen, indem man es um Fragen und Wortmeldungen bittet, ist eine exzellente Strategie, die jedoch gewisse Risiken birgt. Um diese auszuschalten, sollten Sie einige wichtige Vorbereitungen treffen:

➡ **Minensuche**

Überlegen Sie, ob es Fragen gibt, die Sie nur mit Schwierigkeiten beantworten könnten, oder ob unter den Zuhörern Menschen sind, die unabhängig vom Thema nur ihre eigenen Ideen vortragen wollen.

➡ **Nicht bluffen**

Niemand sieht sich gern mit einer Frage konfrontiert, auf die er keine Antwort weiß. Anstatt zu bluffen, sollten Sie jedoch besser zugeben, dass Sie die Antwort nicht parat haben, und versprechen, sie zu recherchieren und nachzuliefern.

➡ **Experten heranziehen**

Wenn Sie Ihre schwachen Stellen im Voraus wissen, können Sie dafür sorgen, dass ein Experte oder ein besser informierter Kollege anwesend ist, der die Beantwortung dieser Fragen übernimmt.

➡ **Beim Thema bleiben**

Lassen Sie sich nicht auf Nebenschauplätze locken. Wenn eine Frage vom Thema fortführt, sollten Sie ihren Wert anerkennen (»Das ist ein interessanter Punkt«), mit ihr erneut zum Thema überleiten (»... der zeigt, wie wichtig dieses Thema ist«) und da bleiben (»... weshalb ich hier bin, um Ihnen zu sagen, dass ...«).

Interesse wecken Wenn das Publikum Sie mit Fragen bombardiert, wissen Sie, dass Ihre Präsentation angekommen ist.

Öffentliche Auftritte

Eine häufige Reaktion auf die Einladung, öffentlich zu sprechen, besteht darin, nach Ausreden zu suchen. Gehen Sie die Sache positiv an.

Eine lohnende Erfahrung

Denken Sie nicht darüber nach, wie Sie diese Prüfung hinter sich bringen, sondern wie Sie diese Chance nutzen können. Manche Menschen wachsen über sich hinaus, sobald sie öffentlich auftreten. Sie sind entspannt, machen ein freundliches Gesicht und genießen die Situation. Man könnte meinen, sie seien so entspannt, weil sie sich ihrer Sache sicher sind; ebenso wahrscheinlich ist es jedoch, dass sie ihre Sache gut machen, weil sie gelernt haben, die Situation zu genießen.

Analysieren Sie Ihre Angst

Um Ihr Lampenfieber zu überwinden, sollten Sie einen Augenblick überlegen, was es ist, das Ihnen Angst macht.

- **Ich werde als Niete dastehen**
  Das werden Sie nicht, denn Sie sind keine. Niemand erwartet von Ihnen eine rhetorische Meisterleistung. Wenn Sie eine ordentliche Rede vorbereiten und hinreichend oft proben, können Sie sie auch klar und überzeugend vortragen.

Schautafeln Zeigen Sie auf die entsprechende Stelle und wenden Sie sich dann sofort wieder dem Publikum zu.

Think SMART!

Nur weil ein Podium bereitsteht, müssen Sie es noch lange nicht verwenden. Wenn Sie steif dahinter stehen, erinnern Sie unter Umständen an einen Pastor, der seine Predigt verliest. Wirken Sie der Versuchung, sich hinter dem Pult zu verschanzen, entgegen, indem Sie es als simples Möbelstück betrachten (auf dem Sie beispielsweise Ihre Notizen ablegen können). Wenn Sie es dennoch als Podium nutzen wollen, sollten Sie es immer dann, wenn Sie Ihre Notizen gerade nicht benötigen, verlassen und sich frei im Raum bewegen. Indem Sie sich am Podium festhalten, lösen Sie zwar das Problem, was Sie mit Ihren Händen machen sollen; zugleich erscheinen Sie jedoch wie jemand, der Halt sucht – nicht gerade der Eindruck, den Sie Ihrem Publikum vermitteln wollen.

- **Ich werde den Faden verlieren**
  Wir alle kennen das Gefühl plötzlicher Leere – das ist ein weiterer Grund, ausreichend zu trainieren. Manche Menschen ziehen es vor, ihren Vortrag auswendig zu lernen – wenn Sie diesen Weg gehen wollen, können Sie einen Freund bitten, Sie abzuhören, bis Sie Ihren Text Wort für Wort beherrschen.
- **Ich werde Fehler machen**
  Fehler sind menschlich. Legen Sie sich einen Scherz zurecht, damit Sie das Publikum bei Laune halten und Zeit gewinnen, wenn Sie aus dem Tritt kommen, etwas nachschlagen müssen oder sich einfach wieder fangen müssen.

Körpersprache

POSITIVE WIRKUNG

- Entspannen Sie sich
- Schauen Sie Ihr Publikum an
- Bewegen Sie sich beim Sprechen
- Stecken Sie Ihre Hände von Zeit zu Zeit in die Taschen

NEGATIVE WIRKUNG

- Steif dastehen
- Auf die Notizen oder zur Decke schauen
- Wie angebunden stehen bleiben
- Hände an der Hosennaht

Zusammenfassung: Zu anderen sprechen

Wer es versteht, gut vorzutragen, hat es viel leichter, sich Gehör zu verschaffen und andere zu überzeugen. Die Kunst des Sprechens macht den Unterschied aus zwischen hohlen Worten und echter Kommunikation und wird Ihnen nützliche Dienste leisten, wann immer Sie Ihr Team motivieren, Skeptiker überzeugen oder Mitarbeiter anspornen wollen, ihr Bestes zu geben.

Die Kunst des Sprechens

1 Vorstellungsgespräche

- Bereiten Sie sich vor – trainieren Sie für Vorstellungsgespräche
- Legen Sie sich für die wahrscheinlichsten Fragen Antworten zurecht
- Zeigen Sie Respekt, indem Sie sich angemessen kleiden
- Bereiten Sie sich auf ein mögliches Gruppeninterview vor

2 Teammotivation

- Lernen Sie zu erkennen, wann eine Teambesprechung sinnvoll ist
- Ermuntern Sie Ihre Teammitglieder zu Feedback
- Sichern Sie die langfristige Wirksamkeit der Impulse von Besprechungen
- Bieten Sie Ihren Teammitgliedern Coaching und Beratung an

3 Besprechungen

Bestimmen Sie den Zweck der Besprechung samt zu fassendem Beschluss

Laden Sie die richtigen Personen zur Besprechung ein

Bleiben Sie beim Thema und enden Sie pünktlich

Machen Sie sich mit der Kunst der Diskussionsleitung vertraut

4 Öffentliche Reden

Gliedern Sie Ihren Vortrag in Einleitung, Hauptteil und Schluss

Verbessern Sie Ihren Vortrag mit geeigneten technischen Mitteln

Treten Sie mit Zuversicht und einer positiven Einstellung auf

Machen Sie sich mit den Techniken der Publikumsinteraktion vertraut

4 Technik und Medien

Kommunikation ist mehr als ein Gespräch von Mensch zu Mensch. Wir leben in einer multimedialen Welt, in der von uns erwartet wird, dass wir unsere Botschaften über das Telefon, das geschriebene Wort, Audio- und Videokonferenzen, Interviews und das Fernsehen verbreiten. In diesem Kapitel erfahren Sie, wie Sie:

- die Kunst des Telefonierens kultivieren,
- gute Briefe und E-Mails schreiben,
- prägnante Berichte verfassen,
- mit der Presse reden,
- Fernsehinterviews bestreiten.

Nova
ten

Telefon

Sie brauchen nicht in einem Callcenter zu arbeiten, um von einer guten Technik des Telefonierens zu profitieren. Auch im Alltag bewährt es sich, wenn Sie diese Kunst perfektionieren.

Telefonverhalten verbessern

Auch wenn sich das moderne Geschäftsleben zu großen Teilen am Telefon abspielt, hält sich hartnäckig die Vorstellung, nur Verkäufer benötigten besondere Telefonierkünste. Dabei könnten wir alle von der Verbesserung unseres Telefonverhaltens profitieren. Ein Telefongespräch ist wie eine Unterhaltung ohne Blickkontakt, Mimik und Körpergesten. Diesen Mangel können Sie nur durch eine gute Telefoniertechnik kompensieren.

Nehmen Sie alle Anrufe entgegen

Das klingelnde Telefon erscheint uns manchmal wie ein lärmender Störenfried, der uns mitten aus einer Tätigkeit herausreißt. Da mag es verlockend sein, das Telefon klingeln zu lassen, bis die aktuelle Aufgabe beendet ist. Denken Sie jedoch daran, wie viel Ungeduld Sie empfinden, wenn Sie selbst der Anrufer sind und niemand abhebt. Antworten Sie also so schnell Sie können – möglichst nach drei bis fünf Klingeltönen.

Anrufe planen Es ist sehr hilfreich, sich alle erforderlichen Informationen vor dem Gespräch zurechtzulegen.

Anrufe vorbereiten

Alle Anrufe, auch private, verfolgen einen Zweck, und daher sollten Sie sich nicht scheuen, auch allen eine Struktur zu geben. Auf diese Weise gewährleisten Sie, dass keine Seite Zeit vergeudet. Bereiten Sie einen präzisen Fahrplan vor, der Sie bis zu Ihrem Zielpunkt führt, und legen Sie sich zurecht, was Sie unterwegs erwähnen müssen. Erstellen Sie eine Liste mit Stichworten.

- Notieren Sie die ersten Worte, mit denen Sie sich vorstellen und den Grund Ihres Anrufs mitteilen wollen.
- Halten Sie Fragen fest, auf die Sie sich Antworten erwarten.
- Bereiten Sie eine Abschlussbemerkung vor – erhoffen Sie sich ein Treffen? Wollen Sie Grüße an Kollegen oder Familienangehörige bestellen (dann müssen Sie die Namen parat haben)?

Wenn Sie vor einem Computerbildschirm sitzen, sollten Sie ihn ausschalten. Ihrer Arbeit tut das keinen Abbruch und Sie können sich besser auf den Anrufer konzentrieren.

Wenn jemand unerreichbar ist

Wenn der gewünschte Gesprächspartner aushäusig oder beschäftigt ist, sollten Sie sich nach einem geeigneten Zeitpunkt für einen erneuten Versuch erkundigen. Das kommt sicherlich gut an und schafft gute Voraussetzungen für das spätere Gespräch. Erkundigen Sie sich nach einem geeigneten Tag und einer geeigneten Tageszeit. Damit hinterlassen Sie einen positiven und konstruktiven Eindruck.

5 Minuten Lösung

Anrufe sind zu wichtig, um sie wahllos über den Tag zu verteilen.

- Erstellen Sie einen täglichen Plan aller beabsichtigten Anrufe.
- Unterscheiden Sie zwischen Anrufen hoher, mittlerer und geringer Priorität.
- Vergewissern Sie sich, dass Sie die Nummern haben.

Anrufbeantworter

Obwohl Anrufbeantworter Alltag sind, wirken manche Botschaften immer noch wie im Schockzustand gestammelt. Das Geheimnis einer guten Nachricht besteht darin, so zu sprechen wie mit einem lebendigen Menschen.

Nachrichten hinterlassen

Bedenken Sie stets, dass die Nachricht, die Sie der Maschine anvertrauen, anschließend von einem Menschen abgehört wird, als sprächen Sie unmittelbar in sein Ohr.

- Vermeiden Sie einen allzu vertraulichen Ton. Intimität mag zulässig sein, wenn Sie einem Freund auf sein Mobiltelefon aufsprechen, ist aber im beruflichen Kontext unangebracht.
- Lassen Sie sich vom Anrufbeantworter nicht verunsichern. Bereiten Sie eine Nachricht vor, damit Sie sie flüssig aufsprechen können.
- Fassen Sie sich kurz. Kaum einer hört gern Nachrichten ab – zu lange Botschaften mit unnötigen Details erzeugen Ungeduld.
- Sprechen Sie deutlich, aber nicht zu langsam, und kommen Sie rasch auf den Punkt. Weitschweifige Botschaften werden als erste gelöscht.
- Wenn Sie Details wie beispielsweise eine Telefonnummer hinterlassen wollen, sollten Sie dies ankündigen, damit der Adressat Zeit hat, zu einem Stift zu greifen.

Think SMART!

Wer mit dem Anrufbeantworter nicht vertraut ist, neigt dazu, gestelzte Botschaften zu hinterlassen. Das klingt dann in der Regel wenig einladend und unpersönlich.

Nehmen Sie sich etwas Zeit, um sich die Nachrichten anderer anzuhören. Achten Sie auf Formulierung und Tonfall der Nachrichten, die Ihnen gefallen. Üben Sie das Aufsprechen von Nachrichten mit einem Diktiergerät. Sprechen Sie zuletzt auf Ihren eigenen Anrufbeantworter und hören Sie sich selbst ab.

Bandansage

POSITIVE WIRKUNG

- Bereiten Sie die Ansage auf Ihrem Anrufbeantworter sorgfältig vor
- Nehmen Sie Ihre Bandansage in einem ruhigen Augenblick auf – Hintergrundgeräusche verwirren die Anrufer nur
- Sprechen Sie im Stehen und geben Sie Ihrer Stimme einen vollen und selbstsicheren Klang
- Nennen Sie dem Anrufer einen anderen Ansprechpartner samt Telefonnummer

NEGATIVE WIRKUNG

- Die eigene Bandansage aus dem Stegreif aufsprechen
- Die Ansage in einem lauten Büro aufnehmen – kommen Sie notfalls etwas früher zur Arbeit
- Die Ansage sitzend aufsprechen – das klingt häufig zu vertraulich
- Witze machen – das macht auf den Anrufer einen unprofessionellen Eindruck
- Laut atmen oder kauen – das lenkt die Anrufer vom Inhalt der Nachricht ab

---

Richten Sie Ihren Anrufbeantworter ein

Ihr Anrufbeantworter ist Ihr persönlicher Pförtner. Während er Sie gegen unwillkommene Anrufer abschirmen kann, werden Sie danach beurteilt, wie höflich, effizient und freundlich er ist. Überlegen Sie, was er Ihren Anrufern über Sie erzählen soll:

- Ihre Bandansage sollte Ihren Namen enthalten. So wissen die Anrufer, dass Sie den richtigen Anschluss gewählt haben, und sind eher geneigt, ihrerseits eine Nachricht zu hinterlassen.
- Beziehen Sie das Datum in Ihre Nachricht ein, auch wenn das bedeutet, dass Sie sie täglich neu aufsprechen müssen. Damit zeigen Sie, dass Sie weder gekündigt haben noch verreist sind; der Anrufer kann also erwarten, dass Sie sich vermutlich noch am selben Arbeitstag mit den eingetroffenen Nachrichten befassen werden.
- Wenn Sie für mehrere Tage nicht im Büro sind, sollten Sie dies in Ihrer Ansage erwähnen; denken Sie daran, die Nachricht am Tage Ihrer Rückkehr zu ändern. (Wenn Sie zu Hause arbeiten, brauchen Sie das nicht jedem zu erzählen.)
- Geben Sie einen Vertreter an: »Wenn Sie ein dringendes Anliegen haben, wenden Sie sich bitte an James unter …«

Der klassische Brief

Die Macht des geschriebenen Wortes ist ungebrochen, und in einer Welt der schnellen Kommunikation und der kurzlebigen Botschaften liegt seine Bedeutung in seiner Dauerhaftigkeit.

Die Kunst des Briefeschreibens

Briefe erhalten häufig sehr viel mehr Aufmerksamkeit als E-Mails oder Nachrichten auf dem Anrufbeantworter. Umso wichtiger ist es, dass Sie sie sorgfältig verfassen – ein schlecht geschriebener Brief kann Sie lange verfolgen.

- Fragen Sie sich, warum Sie den Brief schreiben. Geht es um eine Bitte, eine Forderung, einen Vorschlag, ein Angebot oder eine Entschuldigung? Wenn Ihnen bewusst ist, was Sie mit dem Brief erreichen wollen, sinkt die Gefahr, vom Thema abzuweichen.
- Was Sie mit dem Brief bezwecken, sollte bereits aus dem ersten Absatz hervorgehen, der Ihr Anliegen kurz und bündig vorstellt.
- Der Hauptteil des Briefes sollte Ihren Vorschlag entwickeln und erläutern.
- Der letzte Absatz sollte klarstellen, welches Ergebnis Sie sich vom Schreiben dieses Briefes erhoffen.

Auch wenn es in einer Firma weniger förmlich zugeht, gilt dies nicht für Briefe.

Was Sie beachten müssen

Berücksichtigen Sie die formalen Gepflogenheiten hinsichtlich Begrüßungsformeln, Layout und Abschiedsgruß. Dazu gehört beispielsweise, dass Sie Ihre eigene Adresse und das Datum einfügen und den Adressaten korrekt anreden. Verwenden Sie die Rechtschreibprüfung, wenn Sie mit dem Computer schreiben (mit Vorsicht, denn die Rechtschreibfunktion kann fehlerhaft sein), und ein gutes Wörterbuch, wenn Sie mit der Hand schreiben – ein einziger Schreibfehler kann die Seriösität eines ganzen Briefes untergraben.

TIPP Verzichten Sie auf das Passiv. »Ich werde es Ihnen zuschicken« klingt engagierter und weniger hochtrabend als »Es wird Ihnen zugeschickt«.

Guter Anfang, guter Schluss

Die Regeln für Anfang und Schluss geschäftlicher Briefe sind recht unübersichtlich; in jedem Fall sollten Beginn und Ende zusammenpassen.

- ➡ Wenn Sie Ihren Ansprechpartner nicht mit Namen kennen, beginnen Sie mit »Sehr geehrte Damen und Herren«.
- ➡ Wenn Sie mit »Sehr geehrte(r) ...« beginnen, ob mit Namen oder ohne, setzen Sie unter den Brief: »Mit freundlichen Grüßen«. Wenn Sie mit »Liebe(r) ...« beginnen, dürfen Sie zum Schluss »Beste Grüße« oder »Herzliche Grüße« senden.
- ➡ Lesen Sie die DIN 5008 und 676, wenn es um Geschäftsbriefe innerhalb von Deutschland geht. Beachten Sie aber auch, dass in anderen Länder andere Formen gelten. Machen Sie sich damit bei Bedarf vertraut, damit Sie weder zu flapsig noch zu steif wirken.

Achten Sie auf die Zeichensetzung

Eine fehlerhafte Zeichensetzung kann die Wirkung Ihres Briefes stark beeinträchtigen und ein schlechtes Licht auf Sie und Ihr Unternehmen werfen. Die Zeichensetzung dient einem einzigen Zweck: – der besseren Verständlichkeit Ihrer Botschaft. Wenn Sie häufiger Schwierigkeiten mit der Zeichensetzung haben, sollten Sie sich eine Grammatik kaufen, die Sie bei Bedarf konsultieren können. Zu den häufigsten Fallen gehört der Apostroph. Für ihn gibt es im Wesentlichen zwei Verwendungsbereiche:

1. um den Wegfall bestimmter Buchstaben eines Wortes anzuzeigen: »So ist's gut«;
2. um den Genitiv von Eigennamen zu kennzeichnen, die auf s, z oder x enden: »Klaus' Schwester«, »Heinz' Oma«.

In der gewöhnlichen Plural- oder Genitivbildung hat der Apostroph nichts zu suchen – das gilt insbesondere für Eigennamen, Abkürzungen und Lehnwörter: Es heißt weder »Willi's Würstchenbude« noch »CD's« oder »Steak's«.

Berichte und Angebote

Berichte und Angebote werden in der Regel genauestens unter die Lupe genommen und sollten entsprechend sorgfältig abgefasst werden. Glücklicherweise gibt es feste Regeln, an denen Sie sich orientieren können.

Einen Bericht schreiben

Wenn Sie einen Bericht schreiben müssen, sollten Sie als Erstes fragen, für wen er ist und welchem Zweck er dient. Wenn möglich, lassen Sie sich einen Musterbericht geben, an dem Sie sich orientieren können. Folgende Standardelemente sollte Ihr Bericht enthalten:

- Titel, Verfasser (Sie), Datum, Inhaltsverzeichnis.
- Einführung: Sie stellt die Ziele des Berichts sowie eventuelle Rahmenvorgaben vor, die es zu berücksichtigen gilt. Das hängt von Ihrem Publikum ab; erkundigen Sie sich also, wer den Bericht zu

Ein Angebot erstellen

In einem Angebot kommt der Zusammenfassung eine so wichtige Bedeutung zu, dass Sie fast alles andere in die Anhänge verschieben können. Die Zusammenfassung sollte den Schwerpunkt auf folgende Aspekte legen:

- ➡ zu deckender Bedarf (oder)
- ➡ sich bietende Chance
- ➡ Art und Weise, wie das Angebot auf diesen Bedarf/diese Chance eingeht
- ➡ Nutzen eines solchen Vorgehens

So gut wie sämtliche anderen Elemente wie beispielsweise Ihre Referenzliste (oder die Ihres Teams), Kosten, Zeitplanung und so weiter sollten so strukturiert werden, dass der Leser die Details, die ihn interessieren, auf einen Blick findet. Zwingen Sie Ihren potenziellen Kunden nicht, sich mühsam durch die Liste Ihrer vergangenen Ruhmestaten durchzuarbeiten, um schließlich zu den Eckwerten Ihres gegenwärtigen Angebots zu gelangen.

Zahlen lebendig präsentieren Zahlen lassen sich in Berichten am besten mittels Kurven und Diagrammen darstellen.

lesen bekommt, damit Sie wissen, welche Zusatzinformationen er enthalten sollte.

- Zusammenfassung: Diese sollte nicht mehr als eine Seite ausmachen. Oft entscheiden Leser auf der Grundlage der Zusammenfassung, ob sie sich näher mit dem Bericht befassen wollen.
- Hintergründe: Warum wird der Bericht gebraucht?
- Hauptteil: Hier erfolgt die eigentliche Analyse. Außerdem werden die Ergebnisse und Auswirkungen festgehalten.
- Handlungsempfehlungen mitsamt Begründung, möglichen Risiken und Chancen.
- Anhänge.
- Danksagungen.

Klippen umschiffen

Verwechseln Sie nicht Ihr erstes Angebotsschreiben mit dem ausführlichen Angebot selbst. Konzentrieren Sie sich auf die Vorteile Ihres Angebots, ohne sich in den Details zu verlieren. Vermeiden Sie endlose Zahlenkolonnen, wenn es auch andere Präsentationsmöglichkeiten gibt. Torten- oder Balkendiagramme, die sich mit entsprechenden Programmen erstellen lassen, werten Ihr Angebot optisch auf und präsentieren die Informationen in leicht verständlicher Form. Zahlenwerke, Diagramme und technische Details sollten nach Möglichkeit im Anhang Platz finden.

E-Mails

Mit E-Mails lässt es sich einfach, schnell und weltumspannend kommunizieren. Für den Umgang mit E-Mails haben sich mittlerweile eigene Gepflogenheiten und Regeln entwickelt.

Effektive E-Mails schreiben

E-Mails sind keine Briefe, und weil sie häufig eher überflogen als im Detail gelesen werden, ist es wichtig, dass Sie sich kurzfassen und streng beim Thema bleiben. Das Lesen am Bildschirm ist anstrengend; beschränken Sie sich deshalb auf einfache Formulierungen und achten Sie auf einen etwas größeren Zeilenabstand. Indem Sie längere Botschaften auf mehrere Absätze verteilen, tragen Sie ebenfalls zur Übersichtlichkeit bei. Nummerieren Sie Ihre Absätze gegebenenfalls. Schicken Sie Ihre E-Mails nicht ab, ohne sie zuvor Korrektur zu lesen. Handelt es sich um eine besonders wichtige Korrespondenz, sollten Sie sie möglicherweise in aller Ruhe mit einem Textverarbeitungsprogramm verfassen (und auf Rechtschreibfehler überprüfen lassen) und anschließend in Ihre E-Mail kopieren.

E-Mails weiterleiten

Wenn Sie E-Mails weiterleiten, müssen Sie aufpassen, dass in der weitergeleiteten E-Mail nichts verbleibt, was nur für Ihre Augen gedacht war. Machen Sie sich deshalb die Mühe, die entscheidenden Punkte per Hand aus der eingegangenen E-Mail herauszukopieren und in die ausgehende E-Mail einzufügen.

Einsatzmöglichkeiten für E-Mails

POSITIVE WIRKUNG

- Halten Sie Ihre Gruppe über das Geschehen auf dem Laufenden
- Loben Sie einzelne Mitarbeiter und ganze Teams
- Bestätigen Sie den Empfang von Informationen
- Leiten Sie Informationen rasch weiter
- Verschicken Sie Dateien als E-Mail-Anhang

NEGATIVE WIRKUNG

- Sich hinter einer E-Mail verstecken, statt mit dem Adressaten persönlich zu sprechen
- Kopien an Empfänger schicken, die nicht involviert sind
- Kopien an hochrangige Unternehmensvertreter schicken, mit denen Sie keinen persönlichen Kontakt unterhalten

E-Mail-Regeln

Die E-Mail hat sich aus dem geschriebenen und gesprochenen Wort entwickelt und verfügt, auch wenn sie weniger formell ist als der traditionelle Brief, über ihre eigenen Gepflogenheiten und Regeln.

Weil sich E-Mails so rasch schreiben lassen, gehen wir dabei häufig weniger gewissenhaft vor als bei anderen Formen der schriftlichen Kommunikation. Aber Achtung: E-Mails können eine ebenso lange Lebensdauer haben und sind ebenso unwiderruflich wie ein Brief oder ein Fax.

E-Mail-Etikette

Positive Wirkung

- Fügen Sie Ihrer Antwort den bisherigen Korrespondenzverlauf bei, damit klar wird, worauf Sie sich beziehen.
- Klicken Sie nicht auf »Allen antworten«, wenn Ihre Antwort den Rest der Gruppe nichts angeht.
- Schalten Sie die Rechtschreibprüfung ein.
- Verwenden Sie aussagekräftige Betreffzeilen. »Montag 16.30 Uhr Besprechung Produktionsteam« vermittelt eine gute Vorstellung vom Thema und seiner Wichtigkeit.
- Bestätigen Sie den E-Mail-Empfang, damit der Absender weiß, dass die Adresse stimmt.

Negative Wirkung

- Vermeiden Sie DAS SCHREIBEN IN GROSSBUCHSTABEN – das wird als Schreien verstanden.
- Markieren Sie nicht jede E-Mail als »dringend«, wenn Sie nicht wollen, dass diese Funktion bedeutungslos wird.
- Verschicken Sie keine Witz-Mails. So mancher ärgert sich darüber und blockiert möglicherweise die Absenderadresse.
- Verwenden Sie keine Signaturdateien. Dabei handelt es sich um einen Textblock, der automatisch an jede versandte E-Mail angehängt wird. Ein ursprünglich mal witziges Zitat nervt am Ende nur noch die Leser.

Informationstechnologie und Wirtschaft lassen sich nicht mehr voneinander trennen.

Bill Gates

Video- und Audiokonferenzen

Als Video- und Audiokonferenzen technisch möglich wurden, sprach man schon vom Ende aller Geschäftsreisen. Doch nach wie vor verlassen sich die meisten Unternehmen nicht ausschließlich auf diese beiden Kommunikationskanäle.

Achten Sie auf Namen

Seien Sie besonders aufmerksam, wenn sich die Beteiligten vorstellen. In einer persönlichen Begegnung grüßen sich die Teilnehmer beim Betreten des Raumes. Bei einer Videokonferenz gibt es dafür keinen festen Ort. In jedem Fall sollten Sie besonders zu Beginn gut aufpassen, wenn sich die Beteiligten vorstellen. Wenn Sie bei einer persönlichen Begegnung einen Namen vergessen, können Sie sich immer noch der Person zuwenden und sie direkt ansprechen. In einer Video- oder Audiokonferenz ist das nicht möglich.

- Stellen Sie in einer Videokonferenz vor jedem Teilnehmer eine große Namenskarte auf.
- Bitten Sie die Teilnehmer einer Audiokonferenz, ihre Beiträge stets mit ihrem Namen einzuleiten.
- Setzen Sie einen Moderator ein, der alle Beteiligten kennt und sie wie in einer Fernsehtalkshow einander vorstellen kann.

Keine Angst vor der Technik Bei Videokonferenzen geht es um zwischenmenschliche, nicht um technische Fähigkeiten.

Nützliche TECHNIKEN

Videokonferenzen sind ein sehr nützliches Kommunikationswerkzeug, mit dessen Hilfe sich Menschen an den unterschiedlichsten Orten austauschen können. Dabei wirkt sich Ihre Sicherheit im Umgang mit der Technik auch auf die Qualität Ihrer Besprechung aus. Sorgen Sie dafür, dass alles reibungslos verläuft, indem Sie sich rechtzeitig mit den wichtigsten Regeln für den Umgang mit dieser Technologie vertraut machen:

- Treffen Sie zehn bis zwanzig Minuten vor Beginn der Konferenzschaltung ein, um alles in Ruhe vorzubereiten.
- Üben Sie, in die Kamera zu schauen, während Sie Ihre wichtigsten Punkte vorbringen.
- Stellen Sie das Mikrofon in die Mitte der Teilnehmerrunde.
- Bitten Sie alle Teilnehmer, deutlich und nicht zu schnell zu sprechen, ohne die Stimme allzu sehr zu heben.

Gesprächsführung

Bei Konferenzschaltungen sollten der Gesprächsleiter und eine klare Tagesordnung dafür sorgen, dass niemand den anderen ins Wort fällt. Das wirkt in dieser Situation nämlich noch unfreundlicher als bei der persönlichen Begegnung, wo Mimik und Gesten die Wirkung relativieren können. Technisch bedingte Verzögerungen sorgen zusätzlich für Irritation. Bestehen Sie auf der Einhaltung guter Umgangsformen. Eine Tagesordnung, der zuvor alle zugestimmt haben, sorgt für thematische Disziplin, während der Gesprächsleiter darauf achten muss, dass jeder ausreichend zu Wort kommt. Die Regeln, wer wann an der Reihe ist, sollten gleich zu Beginn festgelegt werden. Eine Einführungsrunde, in der sich jeder vorstellt und die Tagesordnung verlesen wird, hilft den Teilnehmern zusätzlich, sich in das Gesprächsformat zu fügen.

TIPP Achten Sie darauf, dass zu Beginn jeder Teilnehmer vorgestellt wird, damit sich nicht plötzlich ein »Überraschungsgast« zu Wort meldet.

Presse

Im Gespräch mit der Presse bieten sich hervorragende Gelegenheiten, Ihr Unternehmen beziehungsweise einzelne Projekte und die daran beteiligten Personen in der Öffentlichkeit bekannt zu machen.

Bereiten Sie sich ausreichend vor

Im Dialog mit der Presse besteht die größte Gefahr darin, dass Sie Ihre Zeit verschwenden, weil Sie sich zuvor nicht ausreichend Zeit genommen haben, Ihre eigenen Absichten zu analysieren. Machen Sie sich klar, was Sie zu sagen haben und warum das jemanden interessieren könnte. Legen Sie sich Ihre Worte zurecht und trainieren Sie mit einem Kollegen. Gehen Sie nicht davon aus, dass der Journalist ebenso viel über Ihr Thema weiß wie Sie, selbst wenn er für eine Fachzeitschrift schreibt. Formulieren Sie so einfach und klar wie möglich. Stellen Sie sicher, dass Sie dieselbe Sprache sprechen, indem Sie sich mit dem Publikationsorgan und seiner Leserschaft vertraut machen. Im optimalen Fall sprechen

Verwenden Sie eine einfache und klare Sprache.

Think SMART!

Fragen Sie den Journalisten vor Beginn des Interviews, welche Art von Story er gerade vorbereitet. Die meisten Menschen sind froh, wenn sie über ihre Arbeit sprechen dürfen, und Sie selbst können Ihre Antworten gezielter formulieren, wenn Sie den Zweck des Interviews kennen.

Auch wenn Sie bloß um einen knappen Überblick oder eine Analyse der aktuellen Situation gebeten werden, sollten Sie sich bei dem Journalisten erkundigen, ob er schon andere Gesprächspartner zu diesem Thema hatte. Vielleicht hat er bereits mit Ihrem Konkurrenten gesprochen? Wenn Ihnen solche Hintergründe bekannt sind, werden Sie Pressegespräche erfolgreicher absolvieren.

Telefoninterviews

Obwohl viele Interviews über das Telefon geführt werden, haben viele Menschen gerade mit dieser Form ihre Probleme; sie bekommen ihre Nervosität schlechter in den Griff als in der direkten Begegnung.

- ➡ Lassen Sie sich niemals zu Kommentaren nötigen, solange Sie nicht vorbereitet sind.
- ➡ Scheuen Sie sich nicht, dem Journalisten zu sagen, dass Sie einen Moment brauchen, um Ihre Gedanken zu sortieren und dann eine gute Antwort zu geben.
- ➡ Vereinbaren Sie einen späteren Gesprächstermin.
- ➡ Häufig fällt einem nach dem Interview etwas Wichtiges ein, das man gern noch gesagt hätte. Lassen Sie sich vom Journalisten eine E-Mail-Adresse geben, damit Sie ihn bei Bedarf erreichen können.

Sie die Sprache der Leser, seien es Wissenschaftler oder Praktiker aus der Wirtschaft. Verzichten Sie insbesondere dann auf komplizierte Ausdrücke, wenn Sie technische Zusammenhänge beschreiben – andernfalls müssen Sie sich darauf gefasst machen, dass Sie mitten im Interview über eine einfachere Erklärung nachdenken müssen.

Wählen Sie einen aktiven Ansatz

Beschränken Sie sich nicht darauf, die an Sie gestellten Fragen brav zu beantworten. Wenn der Journalist auf einer falschen Fährte ist, wird er es begrüßen, wenn Sie ihn von sich aus auf die Punkte hinweisen, die Ihnen als die wichtigsten erscheinen. Bluffen Sie nicht, falls Sie eine Antwort nicht wissen; geben Sie stattdessen Ihr Wort, dass Sie die Zusammenhänge recherchieren und dem Journalisten nachreichen werden. Warten Sie nicht auf Fragen, sondern versuchen Sie selbst die thematische Richtung vorzugeben. Je mehr Initiative Sie zeigen, desto ergiebiger wird sich das Gespräch für beide Seiten entwickeln.

Fernseh- und Radiointerviews

Fernseh- und Radioauftritte waren einst den Reichen und Berühmten vorbehalten, aber mit der Zunahme der Sender ist auch die Chance gestiegen, dass Sie sich plötzlich vor einer Fernsehkamera oder einem Mikrofon wiederfinden.

Souveränität ausstrahlen

Die Grundregeln für Fernseh- und Radiointerviews sind exakt dieselben wie für die Printmedien, nur dass noch einige Regeln für die Präsentation hinzukommen. Wiewohl die meisten Menschen hauptsächlich über ihre optische Erscheinung und den Klang ihrer Stimme nachdenken, sollten Sie nicht vergessen, dass der inhaltliche Aspekt auch hier eine wichtige Rolle spielt. Wenn Sie Ihre Kommentare einstudiert haben und wissen, worüber Sie sprechen wollen, werden davon automatisch auch Ihr äußeres Erscheinungsbild und der Klang Ihrer Stimme profitieren.

- Wenn Sie sicher sein wollen, dass Sie mit Ihrem Auftritt einen guten Eindruck machen, sollten Sie im Vorfeld darauf bestehen, mit dem Produzenten oder seinem Assistenten zu sprechen. Lassen Sie sich genau sagen, was Sie zu tun haben, wie lange Ihr Auftritt dauern wird, was man Sie fragen wird (manchmal können Sie die Fragen selbst vorschlagen) und wer außer Ihnen noch interviewt wird.
- Wenn Sie sich in einem Studio befinden, sollten Sie übertriebene Gesten vermeiden (sie könnten als Nervosität gedeutet werden). Falten Sie die Hände auf dem Tisch und stellen Sie die Füße fest auf den Boden.
- Erkundigen Sie sich im Voraus, wie viele Minuten Sie sprechen sollen, damit Sie Ihre Worte entsprechend wählen können. Wenn Sie es nicht gewohnt sind, live zu sprechen, können drei Minuten eine Ewigkeit sein.

5 Minuten Lösung

Wenn Sie unmittelbar vor einem Fernsehauftritt mit Nervosität zu kämpfen haben, können Sie:

- ein paar Töne singen, um Ihre Stimme anzuwärmen;
- einen Schluck Wasser trinken, damit Ihr Mund nicht austrocknet;
- tief durchatmen, um innerlich zu entspannen.

Nützliche TECHNIKEN

Wenn Ihnen während eines Interviews eine unerwartete Frage gestellt wird, können Sie sich mit der sogenannten ABC-Technik aus der Affäre ziehen.
ABC steht dabei für acknowledge (anerkennen, würdigen), bridge (überleiten) und communicate (kommunizieren). Üben Sie die Technik mit einem Freund, indem Sie sich einige schwierige Fragen zu einem speziellen Thema stellen lassen.

- Würdigen Sie die Frage, indem Sie sagen: »Das ist ein sehr wichtiger Punkt ...«
- Leiten Sie zu dem über, was Sie sagen wollen: »... und weil mich dieses Thema so sehr beschäftigt ...«
- Kommunizieren Sie das, was Sie zu sagen haben: »... will ich Ihnen heute etwas über mein Projekt erzählen.«

Kleidung

Wenn Sie im Fernsehen auftreten wollen, sollten Sie Ihre Kleidung sorgfältig wählen. Tragen Sie neutrale Farben (kein Weiß) und vermeiden Sie komplizierte Muster, die zu optischen Interferenzen führen könnten. Halten Sie stets Alternativen bereit – nur die wenigsten Studios haben passende Kleidung vorrätig. Lassen Sie sich von Nachrichtensprechern den einen oder anderen Tipp geben. Weil die Studioscheinwerfer viel Hitze erzeugen, sollte Ihre Kleidung schweißunempfindlich sein. Die meisten Interviews finden im Sitzen statt, und so sollten Sie vor einem Spiegel prüfen, ob Ihre Kleidung im Sitzen gut aussieht und bequem ist.

Ein Jackett oder eine andere knöpfbare Oberbekleidung erleichtert es im Gegensatz zu einem T-Shirt, die Mikrofonkabel zu verbergen. Vor allem sollten Sie die Gelegenheit nicht dazu nutzen, ein neues Outfit zu testen. Greifen Sie lieber auf etwas Bewährtes zurück – Ihre Nerven werden es Ihnen danken.

Die Medien haben die Macht, Unschuld in Schuld und Schuld in Unschuld zu verwandeln.
Malcolm X

Zusammenfassung: Umgang mit den Medien

Während wir die Medien in der Regel als Konsument nutzen, bieten sie doch mitunter einen willkommenen direkten Draht zum Kunden. Lassen Sie sich nicht einschüchtern. Ignorieren Sie das grelle Scheinwerferlicht und die technischen Apparaturen und konzentrieren Sie sich auf Ihre Botschaft an die Kunden. Sagen Sie, was Sie zu sagen haben – und Sie werden im Licht der Medien erstrahlen.

Werden Sie zum Medienprofi

1 Die Kunst des Telefonierens

- Machen Sie das Beste aus Ihren Telefonaten
- Betrachten Sie das Telefon als Chance, nicht als Bedrohung
- Nutzen Sie den Anrufbeantworter effektiv
- Konzentrieren Sie sich stets auf die Botschaft

2 Das geschriebene Wort

- Lernen Sie, korrekte und wirkungsvolle Briefe zu schreiben
- Achten Sie auf Rechtschreibung und Grammatik
- Verfassen Sie verständliche und präzise Berichte und Angebote
- Machen Sie sich mit den Gepflogenheiten des E-Mail-Schreibens vertraut

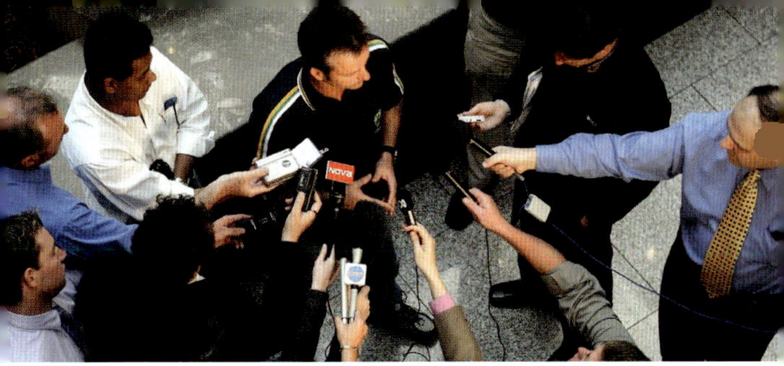

[redacted]

3 Die neuen Technologien

- Seien Sie sich der Grenzen von Video- und Audiokonferenzen bewusst
- Prägen Sie sich stets die Namen der Konferenzteilnehmer ein
- Erinnern Sie alle Beteiligten an die besonderen Gesprächsregeln von Konferenzschaltungen
- Arbeiten Sie an Ihren Fähigkeiten als Moderator

4 Presse, Radio und Fernsehen

- Erlernen Sie den Umgang mit der Presse – seien Sie präzise und akkurat
- Erlernen Sie Techniken, um in Radio und Fernsehen zu brillieren
- Achten Sie im Fernsehen auf Ihre Körpersprache
- Kleiden Sie sich angemessen

5

Konflikte meistern

Kommunikation dient dem Zweck, Menschen zusammenzubringen, aber das garantiert noch nicht, dass diese das auch wirklich wollen. Während Konflikte am Arbeitsplatz in gewissem Ausmaß unvermeidlich sind, zeichnet sich eine gute Kommunikation dadurch aus, dass sie den Ideenaustausch fördert und die Konfrontation in Grenzen hält. In diesem Kapitel lernen Sie, wie Sie:

- konstruktive Konflikte fördern und steuern,
- Kommunikationsprobleme erkennen, bevor sie eintreten,
- unterschiedliche Techniken zur Konfliktlösung einsetzen,
- bei Reibereien und Spannungen zwischen Mitarbeitern vermitteln,
- mit schwierigen Mitarbeitern umgehen,
- Ihre Teammitglieder dazu bewegen, wieder miteinander zu sprechen.

Die Herausforderung annehmen

Weil an einer Kommunikation immer zwei Seiten beteiligt sind, werden Sie bisweilen mit Dingen konfrontiert, die Sie nicht schätzen. Das muss nicht schlecht sein, denn neben dem destruktiven Umgang mit Konflikten gibt es auch einen konstruktiven.

Denken Sie positiv

Ein Konflikt an sich ist weder gut noch schlecht. Erst unsere Reaktion darauf entscheidet darüber, ob es sich um einen konstruktiven Konflikt handelt oder ob er sich negativ auf die Arbeit auswirkt. In gewissem Umfang sind Konflikte unvermeidlich. Mit Konflikten zu leben kann sehr viel positiver sein, als in einem Umfeld zu arbeiten, in dem sich keiner um den anderen schert und es schon deshalb nicht zu Konflikten kommt. Ein kontrollierter Konflikt kann äußerst produktiv sein, Menschen zusammenführen und für das gegenseitige Verständnis hilfreich sein. Gerät ein Konflikt jedoch außer Kontrolle, äußert er sich schließlich in Feindschaft, Verbitterung und Kommunikationsabbruch. Einer Umfrage zufolge kostet die Bewältigung von Konflikten am Arbeitsplatz den durchschnittlichen Arbeitgeber fast 450 Managementtage im Jahr – das entspricht zwei vollen Managerstellen.

Konstruktiver Konflikt Konflikte zwischen Menschen, die einander schätzen, können sich positiv aufs Arbeitsergebnis auswirken.

Die Balance wahren

Die Ermunterung zu konstruktiven Auseinandersetzungen bei gleichzeitiger Vermeidung von destruktiven Konflikten kommt einem Balanceakt gleich. Sie können bestimmte Dinge tun, um zu verhindern, dass ein Konflikt außer Kontrolle gerät:

- Ermuntern Sie Mitarbeiter dazu, ihre unterschiedlichen Meinungen zu äußern. Fragen Sie andere nach ihrer Ansicht, bevor Sie Ihre eigene kundtun, und bringen Sie denen, mit deren Vorstellungen Sie nicht einverstanden sind, dennoch Achtung entgegen.
- Danken Sie Ihren Mitarbeitern für die Bereitschaft, aufzustehen und der Gruppe zu widersprechen oder den Konsens infrage zu stellen. Bringen Sie Ihre Erwartung zum Ausdruck, dass abweichende Meinungen durch überzeugende Argumente und relevante Fakten gestützt werden. Es ist schließlich nicht Ihre Aufgabe, denjenigen eine Plattform zu bieten, die lediglich ihrem Eigensinn frönen. Abweichende Meinungen sollten Sie zu schätzen wissen, sofern sie begründet sind.
- Legen Sie die Grundregel fest, dass sich die Ansichten und Überzeugungen eindeutig auf die diskutierten gemeinsamen Ziele beziehen müssen.
- Setzen Sie jedem Diskussionsteilnehmer ein Zeitlimit, wenn die Gefahr besteht, dass Einzelne das Gespräch auf Kosten anderer dominieren.

Konfliktbeherrschung

Eine Möglichkeit, mit Konflikten umzugehen, besteht darin, zwischen den betroffenen Parteien eine Debatte zu initiieren. In dieser Debatte muss niemand mit Samthandschuhen angefasst werden; wichtig ist nur, dass sie nicht zur Schlammschlacht ausartet. Versuchen Sie nach Art des Fußballschiedsrichters, mittels Karten Disziplin in die Veranstaltung zu bringen. Jeder Teilnehmer erhält eine Karte, und wenn jemand zu negativ ist oder lauter Belanglosigkeiten äußert, kann jeder beliebige Anwesende ihm seine Karte zeigen. Wer zu häufig verwarnt wurde, muss fortan den Mund halten. Das ist eine gute Möglichkeit, um Menschen dazu zu bringen, in Konfliktsituationen einen kühlen Kopf zu bewahren.

Gestörte Kommunikation

Weil sich Kommunikationsstörungen insbesondere am Arbeitsplatz häufig latent und schleichend entwickeln, ist es wichtig, dass Sie sie rechtzeitig erkennen, bevor sich die Beteiligten nur noch gegenseitig anbrüllen.

Warnzeichen

In bestimmtem Umfang ist Reibung überall dort, wo mehrere Menschen gemeinsam an einem Projekt arbeiten, unvermeidlich. Es gibt jedoch Anzeichen, die auf ein wechselseitiges Unverständnis hindeuten, was sich negativ auf die Arbeit der Mitarbeiter auswirken könnte. Um folgende Szenarios könnte es sich dabei handeln:

- Aufeinanderprallen unterschiedlicher Persönlichkeiten
- Unvereinbare Zielvorstellungen
- Generationskonflikte
- Wechselseitige Unterstellungen
- Mangelnde Führung und Anleitung
- Persönliche Interessen/Hintergedanken

Ein kontrollierter Konflikt kann sehr positiv sein.

Humor

Humor eignet sich nicht nur zur Konfliktlösung, sondern auch als Diagnoseinstrument. Lauschen Sie sorgfältig auf den Ton der Scherze, die im Büro gemacht werden, verraten diese doch häufig unausgesprochene Gefühle. Wenn niemals Widerspruch geäußert wird, sind die Mitarbeiter vielleicht davon überzeugt, dass ihre persönliche Meinung nicht zählt. Kritische Witze und Sarkasmus in Bezug auf einzelne Personen, Projekte oder Unternehmensziele – und sei es in Form von Augenrollen oder übertriebener Verzweiflung – können sehr aufschlussreich sein. Wiewohl solche Gesten Teil eines Gruppenrituals sein können, sollten Sie sie nicht ignorieren, sondern sorgfältig analysieren.

Wenn Mitarbeiter ihrem Chef bisweilen energisch widersprechen, ist das nur gesund.
Robert Townsend

Besprechungen

Wie sich Mitarbeiter in Besprechungen verhalten, sagt viel über die Kommunikationskultur in der Gruppe aus. Offene, spontane Begegnungen sind in der Regel ein gutes Zeichen. Gespräche in kleinen Gruppen hinter verschlossenen Türen deuten hingegen auf eine Zersplitterung der Belegschaft hin, bei der ein Teil der Beschäftigten andere Ziele verfolgt als die Mehrheit. Geheime Treffen oder regelmäßige Begegnungen außerhalb des Unternehmens sind nicht zwingend Anzeichen einer gestörten Kommunikation, können aber anderen das Gefühl vermitteln, von der Gruppe ausgeschlossen zu sein und nicht dazuzugehören.

Achten Sie auf die Details

Wenn Mitarbeiter sich allzu sehr für Parkplätze, Büroaufteilung und Tischanordnungen interessieren, könnte dies schlicht Ausdruck ihrer Ego-Probleme sein; es könnte aber auch ein Anzeichen dafür sein, dass die Betreffenden sich über ihre Funktion und ihre Bedeutung für das Unternehmen unsicher sind und mehr Führung und Coaching benötigen. Achten Sie auf den Ton von E-Mails sowie auf die Liste der Kopienempfänger, um ein Gefühl für eine mögliche Cliquenbildung zu bekommen.

Fallstudie: Konfliktbewältigung

Francesca leitete sowohl die Produktentwicklungs- als auch die Vertriebsabteilung. Zwischen den Tätigkeitsbereichen der beiden Teams gab es keine Überschneidungen und man hatte sogar noch künstliche Barrieren errichtet. Die Teams hatten unterschiedliche Treffpunkte und ließen Fun-Mails nur innerhalb der eigenen Gruppe kursieren. Bei der Lektüre der E-Mails bekam Francesca den Eindruck, dass beide Teams nur der jeweils eigenen Tätigkeit eine geschäftsrelevante Bedeutung beimaßen. Sie lud wichtige Vertreter beider Teams zu gemeinsamen Feedback-Besprechungen ein.

- *Das Vertriebsteam half dem Entwicklungsteam zu verstehen, was die Kunden wollten, und das Entwicklungsteam half dem Vertriebsteam, die einzigartigen Merkmale des Produkts zu verstehen.*
- *Die Spannungen ließen nach und die Rivalität nahm einen friedlicheren Charakter an.*
- *Das Unternehmen profitierte vom Ideenaustausch.*

Konflikte lösen

Zur Lösung von Konflikten reicht es häufig schon, eine Verhaltensänderung herbeizuführen. Weil viele Konflikte ihre Ursache in einer unzureichenden Kommunikation haben, bietet sich der Kommunikationskünstler als idealer Konfliktlöser an.

Konfliktwahrnehmung

Konflikte entstehen für gewöhnlich, weil Menschen denken, sie hätten miteinander unvereinbare Bedürfnisse und Wünsche. Die Wahrnehmung genügt, um Reibung zu erzeugen, die, sobald die Arbeitsleistung darunter leidet, zu einem Kommunikationsproblem wird. Wenn Sie einen solchen Konflikt lösen wollen, müssen Sie zuerst die Wahrnehmung analysieren und anschließend eine Diskussion darüber führen, inwiefern diese Wahrnehmung eine reale Grundlage hat. Häufig ist die Wahrnehmung das alleinige Problem.

Konflikte durch Feedback vermeiden

Feedback ist für eine gute Kommunikation unerlässlich und liefert eine erste Verteidigungslinie gegen künftige Kommunikationsstörungen. Solange keine offiziellen Kanäle existieren, über die Sie erfahren, was andere fühlen oder wie das, was Sie sagen, bei ihnen ankommt, kommunizieren Sie nicht, sondern diktieren lediglich. Stellen Sie Vorschlagsbriefkästen auf, richten Sie ein Online-Forum für Kommentare und Diskussionen ein und befragen Sie die Mitarbeiter im Rahmen eines Revisionsprozesses.

Vom Umgang mit Problemen

POSITIVE WIRKUNG

- Gestehen Sie sich die Existenz des Problems ein
- Identifizieren Sie das Problem
- Besprechen Sie das Problem mit den Betroffenen
- Beurteilen Sie das Problem unvoreingenommen

NEGATIVE WIRKUNG

- Das Problem ignorieren
- Annehmen, dass Sie wissen, was das Problem ist
- Das Problem im gesamten Unternehmen bekannt machen
- Partei ergreifen oder Voreingenommenheit zeigen

Konfliktmanagement

Es gibt im Wesentlichen vier Ansätze, wie Sie mit Konflikten und Kommunikationsproblemen umgehen können.

Kommunikation Leider sind viele Konflikte in persönlichen und beruflichen Situationen das Ergebnis elementarer Missverständnisse. Mangelnde Kommunikation kann die Menschen dazu verleiten, eine Situation falsch einzuschätzen. Konflikte dieser Art lassen sich häufig lösen, indem Sie sich die Zeit nehmen und mit den Betroffenen unter vier Augen reden.

Verhandeln Verhandlungen sind das Mittel der Wahl, wenn zwei oder mehr Seiten sich nicht einig sind und eine Lösung finden müssen, die alle Seiten zufriedenstellt. Die Beteiligten müssen dazu ihre Argumente vorbringen, sich gegenseitig zuhören und einen Kompromiss erarbeiten, den alle als Gewinn betrachten.

Vermittlung Wenn zwei Seiten nicht imstande sind, aus eigener Kraft einen Kompromiss zu erarbeiten, kann ein Dritter den Diskussionsprozess leiten. Der Vermittler sollte neutral bleiben, beide Seiten anhören und die Konsensfindung fördern. Manchmal muss er dabei mit beiden Seiten separat sprechen.

Schiedsgericht Wenn die Vermittlung zu keiner Einigung führt, müssen Sie sich möglicherweise an eine unabhängige Instanz wenden, die über die Autorität verfügt, in der strittigen Sache eine Entscheidung zu fällen – vergleichbar mit dem Schiedsrichter im Sport. Bei ungenügender Kommunikation bleiben jedoch leicht Animositäten bestehen.

Hiobsbotschaften

Niemand überbringt gern schlechte Nachrichten, doch häufig gibt es keine andere Wahl. Wer sich hier zu helfen weiß, beweist, dass er die Kunst der Kommunikation auch unter Druck beherrscht.

Zögern Sie nicht

Wer schlechte Nachrichten zu überbringen hat, ist häufig versucht, diese Aufgabe zu delegieren. Für diese Reaktion gibt es viele Gründe:

- Wir fürchten uns zu blamieren.
- Wir machen uns Gedanken über die Gefühle der anderen Person.
- Wir wollen nicht mit der schlechten Nachricht in Verbindung gebracht werden.

Schlechte Nachrichten haben in der Regel keinen Airbag.

Je länger Sie die Übermittlung der Nachricht aufschieben, desto größer ist die Wahrscheinlichkeit, dass der Adressat sie aus anderer Quelle erfährt – mit möglicherweise weit schlimmeren Konsequenzen für Sie selbst. Wenn Sie Informationen haben, die Ihnen Bauch-

Nützliche TECHNIKEN

Bevor Sie jemandem eine schlechte Nachricht überbringen, sollten Sie sich überlegen, wie Sie das anstellen wollen.

Achten Sie besonders auf den Ton Ihrer Stimme – eine gewisse Zurückhaltung ist nicht schlecht, aber zu kalt sollten Sie auch nicht wirken.

- Überlegen Sie genau, welche Informationen Sie weitergeben wollen, und halten Sie alle erforderlichen Zahlen bereit.
- Überlegen Sie, welche Argumente oder Einwände der Adressat vorbringen könnte und wie Sie darauf reagieren wollen.
- Proben Sie den genauen Wortlaut, mit dem Sie die Nachricht überbringen wollen – sprechen Sie ihn laut, um zu sehen, ob er überzeugend klingt.
- Wählen Sie für die Mitteilung eine Zeit und einen Ort, die Ungestörtheit und Ruhe garantieren.

Fallstudie: Die Hiobsbotschaft vorbereiten

Jenny, die als Geschäftsführerin wusste, dass Entlassungen wahrscheinlich waren, beschloss, die Nachricht peu à peu zu übermitteln. Sie besuchte die Abteilungen, die möglicherweise betroffen sein würden, sprach mit den Mitarbeitern persönlich und beschrieb die Lage im Ganzen, damit der Einzelne nicht das Gefühl hatte, allein betroffen zu sein. Sie bat um Alternativvorschläge und bot ein Abfindungspaket für Freiwillige an, damit weniger Mitarbeiter zwangsweise entlassen würden. Sie hörte sich die verärgerten Reaktionen der Betroffenen an.

- *Als die Entlassungen bekannt gegeben wurden, waren die Mitarbeiter bereits vorgewarnt, und viele hatten die Chance genutzt, um sich einen anderen Arbeitsplatz zu suchen.*
- *Jennys Taktik vermittelte den Mitarbeitern das Gefühl, dass sie in dieser Situation konsultiert wurden.*

schmerzen machen, ist es fast immer sinnvoll, sie persönlich weiterzugeben. Ist davon auszugehen, dass die Neuigkeit eine größere emotionale Reaktion auslöst, sollten Sie sich rechtzeitig über ein Ventil Gedanken machen. Indem Sie die Nachricht persönlich überbringen, können Sie helfen, die Wogen wieder zu glätten.

Wie Sie es richtig machen

Beginnen Sie mit der Ankündigung, dass Sie schlechte Nachrichten mitbringen. Sprechen Sie klar, kommen Sie ohne Umschweife zur Sache und liefern Sie präzise Fakten. Seien Sie auch dann zu einer Diskussion bereit, wenn es nichts mehr zu entscheiden gibt – hören Sie sich wenigstens die Argumente des Adressaten an. Bleiben Sie ruhig und nehmen Sie die Gefühle Ihres Gesprächspartners nicht persönlich. Unterstützen Sie ihn dabei, sich weniger auf Sie als auf die Situation und die gegebenen Informationen zu konzentrieren. Das Leben geht weiter, und so ist es wichtig, die Nachricht in den größeren Kontext zu stellen und den Blick möglichst schnell auf die Zukunft zu richten.

TIPP Überbringen Sie Hiobsbotschaften nicht freitags oder vor dem Urlaub, wenn die Betroffenen Zeit zum Grübeln haben.

Spannungen

Wiewohl man im Leben immer wieder auch auf schwierige Menschen treffen wird, kann eine gute Kommunikation doch viel dazu beitragen, Missverständnisse aus dem Weg zu räumen, die sich negativ auf die Beziehungen auswirken könnten.

Verschließen Sie nicht die Augen

Wir alle sind im beruflichen Umfeld schon auf Menschen gestoßen, die uns zur Weißglut brachten oder deren Verhalten uns irritierte. Wer nicht allein arbeitet, ist vor Reibereien mit Kollegen nicht gefeit. Um eine Eskalation des Problems zu vermeiden, ist es wichtig, seine Existenz anzuerkennen. Häufig genug unternehmen wir nichts gegen Spannungen, sondern schlucken lediglich unseren Ärger hinunter, bis wir uns vor Partnern und Freunden Luft machen können. In Büros ist es verbreitete Praxis, den Ärger über einen Kollegen oder Vorgesetzten abzubauen, indem man ihn mit anderen teilt. In wie vielen Kaffeepausen drehte sich das Gespräch nicht schon um schwierige Kollegen?

Darüber sprechen Setzen Sie sich rechtzeitig zusammen und sprechen Sie offen über Spannungen.

Think SMART

Anstatt immer nur anderen die Schuld für Ihre Probleme in die Schuhe zu schieben, sollten Sie selbst die Verantwortung übernehmen. Solange Sie sich von anderen provozieren lassen, sind Sie selbst das Problem.

Indem Sie mit dem Finger auf einen anderen zeigen, sagen Sie nichts anderes, als dass der Betreffende Macht über Sie hat. Sobald Sie aber die Verantwortung selbst zu tragen bereit sind, können Sie beginnen, nach der eigentlichen Ursache des Ärgernisses zu forschen, das der Betreffende lediglich verstärkt hat – wenn überhaupt. Überlegen Sie, was Sie tun können – und sei es in Form einer veränderten inneren Einstellung –, damit das Verhalten des Betreffenden Sie nicht länger ärgert oder provoziert.

Sprechen Sie miteinander

Manchmal haben Sie keine andere Wahl, als mit den Spannungen zu leben. Oftmals aber ist es nur Bequemlichkeit, wenn wir gegen Spannungen nichts unternehmen. Versuchen Sie, mit der betreffenden Person ins Gespräch zu kommen. Häufig heißt es, wenn es sich dabei um den Vorgesetzten handele, sei eh nichts zu machen. Das stimmt jedoch nicht immer. Wenn der Betreffende kein »Teamspieler« ist, sich unsicher fühlt oder unter Druck steht, müssen Sie versuchen, ihn mit dem Teamgeist zu infizieren und in das Team einzugemeinden. Bedenken Sie dabei, dass manche Menschen äußerlich abweisend erscheinen mögen, ohne dass dies ihre innere Einstellung widerspiegelt.

5 Minuten Lösung

Ärgert Sie jemand? Wollen Sie eine Konfrontation vermeiden?

- Fragen Sie ihn, ob er auf eine vermeintliche Provokation Ihrerseits reagiert.
- Versuchen Sie herauszufinden, womit Sie bei ihm angeeckt sind.
- Ermutigen Sie ihn, sein Problem zu artikulieren.
- Hören Sie aktiv zu und fassen Sie das Gehörte zusammen.

Teamkonflikte

In einer idealen Welt wäre die Mühe, die Sie sich mit Teambesprechungen, Motivierung und Coaching geben, ausreichend, um eine reibungslose Teamarbeit zu gewährleisten. In Wirklichkeit aber drohen überall dort, wo Menschen in Teams zusammenarbeiten, Kommunikationsprobleme.

Komplexität

Teamkonflikte können ihre Ursache in persönlichen Konflikten oder aber in jener komplexen menschlichen Interaktion haben, die wir als Gruppendynamik bezeichnen. Jeder destruktive Konflikt reduziert die Leistungsfähigkeit Ihres Teams und zwingt Sie zum Eingreifen. Die richtige Kommunikation in einem Teamkonflikt setzt die gleichen Fähigkeiten voraus, die Sie auch bei einem Konflikt mit einem Einzelnen benötigen, verlangt aber darüber hinaus auch Geschick im Umgang mit gruppendynamischen Phänomenen und ein Wissen darüber, wie sich Menschen im Zusammenspiel verhalten.

Das Gespräch ist der erste Schritt zur Konfliktlösung.

Finden Sie die Wurzel des Problems

Sprechen Sie zuerst mit allen Teammitgliedern einzeln, um herauszufinden, worin das eigentliche Problem besteht (in einem Team ist das häufig eine sehr komplexe Frage), und jedem von ihnen zu versichern, dass es nicht Ihre Absicht ist, Partei zu ergreifen oder Schuldzuweisungen auszusprechen. Fragen Sie Ihre Mitarbeiter:

- Was läuft anders, als es sollte?
- Wie könnte die Lösung des Problems aussehen?
- Was kann ich als Ihr Vorgesetzter dazu beitragen?

Fragen Sie, ob es noch andere Dinge gibt, die Sie wissen sollten, um das Problem zu verstehen. Danken Sie Ihren Mitarbeitern für ihre Hilfe und erzählen Sie ihnen, dass sie in einer späteren Besprechung die Gelegenheit erhalten werden, ihren Standpunkt der Gruppe mitzuteilen. So kann sich jeder darauf vorbereiten und hat zugleich das Gefühl, Wertschätzung zu erfahren (möglicherweise liegt hierin überhaupt das eigentliche Problem).

Konflikte in der Gruppe lösen

Bringen Sie die am Konflikt beteiligten Mitarbeiter zusammen und erklären Sie, wie wichtig es ist, das Problem zu lösen und die Aufmerksamkeit wieder ganz den Teamzielen zu widmen.

- Fragen Sie der Reihe nach jeden Beteiligten, worin seiner Meinung nach das Problem begründet liegt. Sorgen Sie dafür, dass jeder ausreichend Zeit bekommt, sich auszusprechen.
- Urteilen Sie selbst nicht über richtig oder falsch; Sie sollen vermitteln und nicht entscheiden. Es geht nicht um einen Punktsieg, sondern darum, dass jeder den Standpunkt des anderen versteht.
- Fragen Sie alle Beteiligten, wie eine Problemlösung aussehen könnte. Vielleicht müssen Sie selbst aktiv werden oder zumindest gewisse Schwerpunkte anders setzen.
- Beziehen Sie jeden Einzelnen in die Diskussion über Veränderungen mit ein, damit alle sie mittragen.
- Zeigen Sie sich zum Schluss zuversichtlich, dass das Team über die Fähigkeit verfügt, das Problem aus eigener Kraft zu lösen.

Das Problem besprechen In jedem Team kommt es zu Konflikten. Lernen Sie, daraus eine positive und konstruktive Kraft zu machen.

Lernen Sie, Konflikte zu lösen

Häufig reichen elementare Kommunikationsfähigkeiten, um Konflikte zu entschärfen. Manchmal helfen aber auch alle Kommunikationskünste nichts. Versuchen Sie je nach Situation zu coachen, zu verhandeln, zu vermitteln oder den Schiedsrichter zu spielen.

Coaching, Teambesprechungen und Feedback

Mit Coaching und Teambesprechungen können Sie die Mitarbeiter zusammenbringen, sie motivieren und ihnen verständlich machen, was Sie von ihnen erwarten. Indem Sie regelmäßig Teambesprechungen abhalten und den Mitarbeitern bei Bedarf Coaching anbieten, schaffen Sie die besten Voraussetzungen dafür, dass eventuelle Konflikte konstruktiv und ohne Konfrontation gelöst werden. Sorgen Sie dafür, dass Feedback-Kanäle existieren, damit sich Frust gar nicht erst aufstauen kann.

Verhandlungsgeschick

Von Verhandlung sprechen wir, wenn die Beteiligten ihr Problem untereinander ausdiskutieren, um eine Lösung zu finden, die allen gerecht wird. Dazu müssen alle einen Schritt zurücktreten und ei-

Schulung und Coaching

Schulung und Coaching spielen für die Konfliktlösung eine wichtige Rolle. Das Coaching braucht nicht einmal explizit auf die Konfliktlösung Bezug zu nehmen. Entwicklungsmaßnahmen fördern langfristig schon dadurch die Kommunikation, dass sie den Einzelnen vermitteln, was genau von ihnen erwartet wird. Manche Führungskräfte messen der Schulung keine ausreichende Bedeutung zu, weil sie nicht erkennen,

- dass eine Schulung sich hervorragend eignet, um Mitarbeiter zusammenzubringen und sie auf Kurs zu halten,
- dass eine Vernachlässigung der Schulung späteren Kommunikationsstörungen den Boden bereitet.

Fallstudie: Das eigentliche Problem

Patrick und Susan, hochrangige Führungskräfte eines Marketingunternehmens, waren sich mittlerweile so feindlich gesinnt, dass sie sogar Treffen auf dem Flur vermieden und, wenn überhaupt, nur noch über andere miteinander kommunizierten. David, der Leiter der Personalabteilung, verfügte über eine Zusatzausbildung in Mediation und beschloss einzugreifen. Patrick und Susan erklärten sich bereit, an einer Reihe von Sitzungen teilzunehmen. Beide sollten Gelegenheit erhalten, ihren jeweiligen Standpunkt ohne Unterbrechung darzulegen, woraufhin der andere wiederholen sollte, was er verstanden hatte. Nach mehreren Sitzungen wurde deutlich, wo das eigentliche Problem lag: Susan fühlte sich aufgrund ihres Geschlechts diskriminiert, während Patrick den Eindruck hatte, Susan untergrabe seine Autorität.

- *Nachdem Patrick und Susan ihre Probleme an die Oberfläche gebracht hatten, waren sie in der Lage, sich ihnen zu stellen. Indem sie ihre Probleme miteinander besprachen, konnten sie außerdem Brücken bauen.*
- *Die Kommunikation verbesserte sich und die negative Spannung wich.*

nen ruhigen und objektiven Blick auf die Situation werfen. Wenn sich der Konflikt bereits so verhärtet hat, dass dieser Weg nicht mehr gangbar ist, sollte ein Vermittler eingeschaltet werden.

Vermittlung

Vermittlung bedeutet, dass ein unparteiischer Dritter den am Konflikt Beteiligten dabei hilft, selbst eine Lösung herbeizuführen. Dies gelingt ihm häufig dadurch, dass er eine Atmosphäre schafft, in der beide Seiten ihre Anliegen und Wünsche formulieren können, damit die jeweils andere Seite versuchen kann, so viele wie möglich davon zu berücksichtigen.

Schiedsrichter

Manchmal hilft auch ein Vermittler nicht weiter. Dann sollte eine weitere Instanz herangezogen werden, die sich ein Bild von der Situation macht, die Argumente gegeneinander abwägt und eine Entscheidung trifft, der sich beide Seiten unterwerfen müssen. Weil es stets vorteilhaft ist, wenn sich die Beteiligten unter sich einigen, sollten Sie den Schiedsrichteransatz nur wählen, nachdem alle übrigen Versuche fehlgeschlagen sind.

Public Relations

Ganz gleich, wie groß oder klein Ihr Unternehmen ist und in welcher Branche Sie tätig sind – Ihr Name, Ihre Marke und Ihr Ruf sind Gegenstand fortwährender öffentlicher Diskussion.

Die Bedeutung von PR

PR spielt nicht nur für große Unternehmen eine Rolle, sondern für jeden Betrieb und jeden Gewerbetreibenden, der der Außenwelt ein Gesicht präsentiert. Die Öffentlichkeit braucht dabei nicht international oder national zu sein, sondern kann sich auf Ihre Branche oder einen kleinen Kreis von Kunden beschränken.

Veränderte Situation

Viele Unternehmen sehen zwar durchaus die Notwendigkeit, das eigene Image in der Öffentlichkeit aktiv zu pflegen, haben aber die notwendigen Schritte bislang nicht eingeleitet. Diese Passivität mag daher rühren, dass sich das öffentliche Image in der Vergangenheit vergleichsweise leicht steuern ließ. Wenn Sie über etwas nicht zu reden bereit waren, konnten die Medien wenig tun. Doch heute findet Kommunikation mit Lichtgeschwindigkeit statt. E-Mail und Online-Foren bieten den Kunden und Verbrauchern die Möglichkeit, das eigene Wissen und die eigene Meinung überall zu verbreiten.

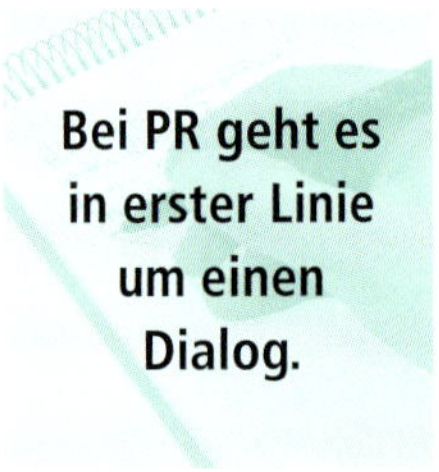

Bei PR geht es in erster Linie um einen Dialog.

Schadensbegrenzung

POSITIVE WIRKUNG

- Setzen Sie Pressekonferenzen an
- Beantworten Sie Journalistenfragen nie unüberlegt
- Leugnen Sie offensichtlichen Erklärungsbedarf nicht
- Benennen Sie einen Pressesprecher
- Bereiten Sie Antworten im Voraus vor

NEGATIVE WIRKUNG

- Kommentare verweigern
- Antworten im Eifer des Augenblicks formulieren
- Situationen verkennen, die einer Reaktion bedürfen
- Ihr Team komplett ausklammern
- Unvorbereitet mit der Presse sprechen

Bestimmen Sie Ihren Bedarf

Es gibt nur wenige Unternehmen, die sich um ihr Image in der Öffentlichkeit und bei ihren Kunden keine Gedanken zu machen brauchen. Übertragen Sie deshalb einem oder mehreren Mitarbeitern die PR-Arbeit. Je nach Ihrer konkreten Situation benötigen Sie:

- eine professionelle PR-Agentur,
- einen Spezialisten auf Teilzeitbasis,
- eine firmeninterne Vollzeitkraft oder
- einen Mitarbeiter, der sich bei Bedarf des Themas annimmt.

Zur PR gehören diverse Einzelaktivitäten: vom aktiven Ansprechen der Presse bis zur Lobbyarbeit. Kein Unternehmen kann es sich leisten, die Kommunikation mit seinen Kunden dem Zufall zu überlassen.

Die globale Öffentlichkeit

Die größte Revolution, die das Internet über uns gebracht hat, betrifft nicht die Technologie, sondern die Beziehungen zwischen den Unternehmen und ihren Kunden, und dies muss bei der PR-Arbeit entsprechend berücksichtigt werden. Einst war die Öffentlichkeit auf die Rolle des passiven Empfängers beschränkt – die Unternehmen sandten ihre Botschaften via Anzeigen in die Welt, wo sie von den Kunden empfangen wurden. Das einzige Feedback bestand darin, ob die Produkte gekauft wurden oder nicht. Heute können sich Menschen überall auf der Welt austauschen. Nachrichten über schlechte Produkte und ethisch zweifelhafte Unternehmenspraktiken verbreiten sich in Windeseile über die ganze Welt.

TIPP **Werden Sie aktiv: Warten Sie nicht, bis die Medien kommen oder die Gerüchteküche hochkocht.**

Zusammenfassung: Konfliktbewältigung

Ein Konflikt muss nichts Schlechtes sein. Wenn man richtig damit umgeht, kann er sogar von Nutzen sein. Der Trick besteht darin, eine direkte Konfrontation zu vermeiden und die Probleme stattdessen so zur Sprache zu bringen, dass die Beteiligen den Blick nach vorn richten und sich auf die Erreichung der Unternehmensziele konzentrieren können.

Machen Sie das Beste aus der Situation

1 Nehmen Sie die Herausforderung an

- Entwickeln Sie eine positive Einstellung zu Konflikten, aber vermeiden Sie die direkte Konfrontation
- Lernen Sie, die Anzeichen von Kommunikationsstörungen früh zu erkennen

2 Wie Sie Teamkonflikte lösen

- Machen Sie sich mit den komplexen Regeln der Gruppendynamik vertraut
- Sprechen Sie mit Ihren Mitarbeitern, um zum Kern des Problems vorzudringen

3 Wie Sie ein gutes Bild abgeben

- Erkennen Sie die Bedeutung von PR für Ihr Unternehmen
- Bestimmen Sie Ihren PR-Bedarf und benennen Sie einen Zuständigen

Machen Sie sich mit den Techniken der Konfliktlösung vertraut

Lernen Sie, wie Sie schlechte Nachrichten am besten überbringen

Versuchen Sie sich als Coach, Berater, Verhandlungsführer und Vermittler

Bringen Sie Schiedsrichter ins Spiel, wenn alles andere nicht hilft

Bedenken Sie: Es gibt eine globale Öffentlichkeit

Beugen Sie Skandalen, Gerüchten und schlechter Publicity vor

Register

ABC-Technik 95
Abkürzungen 18
Aktives Zuhören 16, 17
Alter 21
Angebote 86, 87
Anrufbeantworter 82, 83
Anrufe 80, 81
Arbeitsklima 20
Argumentationskette 48, 49
Argumentieren 46
Audiokonferenzen 90, 97
Ausdrucksstärke 36
Auseinandersetzungen 46, 47

Bandansage 83
Berichte 86, 87
Besprechungen 62, 63, 64, 65, 66, 67, 77, 103
Beziehungen 20, 21
Blickkontakt 33
Briefe 84, 85, 96

Cliquenbildung 103
Coaching 60, 112

Einfühlungsvermögen 60
E-Mails 88, 89
Emotionale Intelligenz 34, 35
Erfordernisse 40, 41

Feedback 58, 104, 112
Fernsehinterviews 94, 95
Forbes, Malcolm S. 27
Fragen begründen 23
Fragen stellen 22, 23, 24, 25
Fragetypen 24, 25

Gates, Bill 89
Gefühle 34, 38, 39
Geschlecht 21
Gesprächsleitung 67
Gesprächsnotizen 18, 19
Gesprächsziel 26
Gesten 33
Goleman, Daniel 34
Gruppendynamik 110
Gruppeninterviews 56

Hintergedanken 28, 29
Hiobsbotschaften 106
Humor 102

Image 114, 115
Internet 115

Kommunikationsprobleme 105
Kommunikationsstörungen 102
Konferenzschaltungen 91
Konfliktbewältigung 103, 104
Konflikte 100, 101, 102, 104, 105, 110, 111, 112, 113, 116, 117
Konfliktlösung 103, 104
Körperhaltung 33
Körpersprache 32, 33, 34, 35, 43, 45, 50, 57, 75
Kotter, John 39

Lampenfieber 74, 75
Lavington, Camille 35
Loben 58, 59
Logische Ableitung 48

Malcolm X 95
Medien 92, 93, 94, 95, 96, 97
Mehrabian, Albert 32
Mitarbeiterführung 59
Moderator 67
Motivieren 58, 59, 60, 76

Nein sagen 42, 43
Neurolinguistische Programmierung (NLP) 38
Nonverbale Kommunikation 32, 33, 35

Panelinterview 56
Paraphrasieren 16, 17
PowerPoint 70, 71
Prämissen 48, 49
Präsentationen 68, 69, 70, 71, 72, 73
Presse 92, 93, 97
Protokoll 18, 19
Public Relations 114, 115, 116
Publikum 68, 69, 72, 73
Publikumsfragen 73

Radiointerviews 94, 95
Reputation 21
Robbins, Anthony 25

Schicht 21
Schiedsgericht 105
Schiedsrichter 113
Schlussfolgerung 48, 49
Selbsttest 8, 9, 10, 11
Sinne 38
Sowell, Thomas 63
Status 21

Tagesordnung 62
Teambesprechungen 59, 60, 112
Teamcoaching 60
Teamgeist 61
Teamleitung 58, 59
Telefon 80, 81, 93, 96
Telefoninterviews 93
Townsend, Robert 102

Überzeugen 44, 45, 51

Verhandeln 40, 41, 42, 51, 112, 113
Verhandlungstaktiken 41
Vermittlung 105, 113
Videokonferenzen 90, 91, 97
Vorstellungsgespräche 54, 55, 56, 76
Vorträge 68, 69, 70, 71

Wortwahl 36, 37, 38, 39
Wünsche 40, 41

Zuhören lernen 14, 15, 16, 17

Bildnachweis

Der Verlag dankt den nachfolgend Genannten für die freundliche Erteilung der Abdruckgenehmigung.

Abkürzungen: (M) = Mitte, (r) = rechts, (l) = links, (u) = unten, (o) = oben

1: Neil Farrin/Stone/Getty (l), Fisher/Thatcher/Stone/Getty (M), VEER Mark Adams/Photonica/Getty (r); **2:** Altrendo Images/Getty; **3:** Michael Hemsley (o), Kaz Chiba/Stone/Getty (M), Justin Pumfrey/Iconica/Getty (u); **5:** Michael Hemsley; **7:** Double Exposure/Taxi/Getty; **8:** Michael Hemsley (l), Stewart Charles Cohen/Jupiter Images (Ml), Michael Hemsley (Mr), Terry Vine/Stone/Getty (r); **13:** Kaz Chiba/Stone/Getty; **20:** Justin Pumfrey/Iconica/Getty; **23:** Michael Hemsley; **24:** Michael Hemsley; **28:** VEER Mark Adams/Photonica/Getty; **32:** VEER Mark Adams/Photonica/Getty; **33:** Michael Hemsley; **41:** Neil Farrin/Stone/Getty; **43:** Stewart Charles Cohen/Jupiter Images; **44:** Michael Hemsley; **51:** Double Exposure/Taxi/Getty; **53:** Romilly Lockyer/Getty; **57:** Michael Hemsley; **61:** Double Exposure/Taxi/Getty; **64:** Michael Hemsley; **73:** Michael Hemsley; **74:** Fisher/Thatcher/Stone/Getty; **77:** Thomas Barwick/Getty; **79:** Hamish Blair/Reportage/Getty; **80:** Michael Hemsley; **87:** Getty; **90:** Fisher/Thatcher/Stone/Getty; **97:** Hamish Blair/Reportage/Getty; **99:** Daniel Berehulak/Reportage/Getty; **100:** Michael Hemsley; **105:** Paul Barton/Corbis (ol), Jen Petreshock/The Image Bank/Getty (or), NO RESULT 42-15763326/Corbis (ul), Mike Hewitt/Allsport Concepts/Getty (ur); **108:** Michael Hemsley; **111:** Terry Vine/Stone/Getty; **117:** VEER Mark Adams/Photonica/Getty.

Alle anderen Abbildungen: © Dorling Kindersley.
Vgl. auch www.dkimages.com

Der Autor

Steve Shipside ist Autor und Berater im Bereich Wirtschaft und Kommunikation. Er schreibt regelmäßig für *The Guardian*, *The Times*, *The Telegraph* und andere Zeitungen. Zahlreiche Buchveröffentlichungen, darunter *E-Marketing* (Capstone Express, 2001) und *Podcasting* (Infinite Ideas, 2005). Auf Sky TV präsentierte er das Wirtschafts- und Wissenschaftsmagazin *Blue Chip*.